CHEERS

认知

与最聪明的人共同进化

HERE COMES EVERYBODY

戈特曼"亲密关系"系列

幸福婚姻的 10大敌人

TEN LESSONS TO TRANSFORM YOUR MARRIAGE

约翰·戈特曼（John Gottman）

[美] 朱莉·施瓦茨·戈特曼（Julie Schwartz Gottman） 著

琼·德克莱尔（Joan DeClaire）

冷爱（Sheng Pan） 译

浙江科学技术出版社

你了解幸福婚姻的敌人吗?

扫码激活这本书
获取你的专属福利

- 夫妻可以利用愤怒来改善自己的婚姻吗?

  A. 可以

  B. 不可以

- 父母错过重要的人生体验,忽略自己的需要,可能对孩子产生消极的影响吗?

  A. 可能

  B. 不可能

扫码获取全部测试题及答案,
跟随专家解锁幸福婚姻

- 当妻子埋怨丈夫把时间都给了工作,无暇顾及家庭时,丈夫回应说:"工作对我来说很重要。工作决定了我的价值。"你认为丈夫存在的问题是什么?

  A. 没有回应妻子的情绪

  B. 对妻子没有感情

  C. 没有具体描述自己的需要

  D. 不存在任何问题

扫描左侧二维码查看本书更多测试题

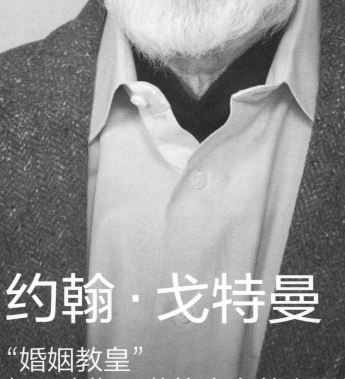

JOHN GOTTMAN

约翰·戈特曼

"婚姻教皇"
与罗杰斯、荣格齐名的心理学家

专注 50 余年

"爱情实验室"与"婚姻教皇"

美国知名畅销书作家马尔科姆·格拉德威尔曾在自己的一本著作中写道："他是一位个子不高的男士，长着猫头鹰般敏锐的眼睛，头发花白，胡须修得整整齐齐。他魅力超凡，总能与人相谈甚欢，每当谈到让他兴奋的话题时，他的眼睛便闪闪发亮，更加炯炯有神。他的身上仍带有 20 世纪 60 年代嬉皮士的范儿，比如他那顶偶尔扣在犹太编织圆帽上的红军帽。"

马尔科姆笔下的这个人便是全球人际关系领域公认的殿堂级人物——约翰·戈特曼。从 20 世纪 70 年代至今，戈特曼对人际关系、婚姻关系及家庭关系进行了长达 50 余年的跟踪研究。1992 年，戈特曼与其妻子主持的爱情实验室公布了堪称史上最大规模的家庭关系研究结论，在这项涉及近 3 000 个美国家庭、700 对新婚夫妇的纵向研究中，戈特曼可以在 5 分钟内判断一对夫妇未来一年内的婚姻状况，准确率高达 91%。

爱情实验室的门槛被蜂拥而至的媒体踏平，《早安美国》《今日秀》《CBS 早间新闻》《奥普拉脱口秀》《纽约时报》《人物》《今日心理》《西雅图时报》等争相报道戈特曼的神奇预言。有媒体甚至因戈特曼拯救了万千陷入危机的家庭而称其为"婚姻教皇"。戈特曼的著作《幸福的婚姻》更是畅销 20 余年，长期盘踞同类图书榜首，横扫全球 22 个国家，被《哈佛商业评论》誉为沟通经典之作。

用数据说话
大数据时代的亲密关系真相

戈特曼在 50 余年的研究生涯中始终致力于将人与人之间的关系与行为数据化，并通过建立数学模型来预测人的行为。其研究成果中的诸多数据广为流传，甚至已经成为共识，比如，婚姻稳定的夫妻释放的积极信号和消极信号比是 5∶1，最终离婚的夫妻释放的积极信号和消极信号比则是 0.8∶1；婚姻中有 69% 的冲突永远无法解决；67% 的新手父母都对彼此非常不满；等等。通过对这些数据的分析和应用，戈特曼得以不断完善其独特的婚姻治疗方法，从而帮助伴侣消除感情障碍，改善相处模式，巩固亲密关系。

如今，戈特曼针对情侣、父母、单身人士、心理咨询从业者，已打造出一套科学而完备的亲密关系经营方法，为这些处于不同身份、不同人生阶段的人揭示了建立、经营与修复亲密关系的黄金法则。他在《爱的沟通》中给单身人士打造了一份科学恋爱攻略，又经《幸福的婚姻》提供了一份经久不衰的婚姻经营宝典，他在《爱的冲突》中鲜明地提出了让亲密关系走向成熟的磨合法则，又通过《幸福婚姻的 10 大敌人》提供了一份及时的婚姻抢救实战方案，他以《爱的博弈》指导伴侣修复信任，又以《当婚姻中有了孩子》为有孩子的伴侣送去一份爱情保温指南，他用《培养高情商的孩子》教会父母让孩子受益一生的情商训练法，又用《人的七张面孔》向所有人揭示了打造良好人际关系的秘诀……他毫无保留地将"戈特曼方法"传入千家万户，深刻地改变了两代人的婚恋观。

与罗杰斯、荣格齐名的心理治疗大师

　　无论在婚姻、亲子领域，还是在商业、职场中，戈特曼带给人际关系研究的变革都是划时代的。深耕人际关系领域 50 多年来，他建构的人际关系模型是目前心理学领域少有的可预测性数理模型，他的研究已使超过 38 个国家的数百万对夫妇和数万名临床医生直接受益，也已帮助无数面临人际和沟通问题的职场中人打破困局，达到人生的新高度。他极具科学性的研究让人耳目一新，也让人与人之间的沟通回归真挚且更加有效。

　　2007 年，美国具有相当权威性的刊物《美国心理治疗网络》及《美国心理学家》杂志同时评出 20 世纪最后 25 年间，美国心理治疗师眼中 10 位最具影响力的心理治疗大师，戈特曼赫然在列，与卡尔·罗杰斯、卡尔·荣格共享殊荣。

　　戈特曼同时收获了美国家庭治疗领域的所有专业大奖。4 次荣获美国国家心理健康研究所科学研究者奖章，并获美国婚姻与家庭治疗协会杰出科学研究者奖章、美国家庭治疗学会杰出贡献奖、美国心理学会家庭心理学分会会长奖章。

作者相关演讲洽谈，请联系
BD@cheerspublishing.com

更多相关资讯，请关注

湛庐文化微信订阅号

湛庐 CHEERS　特别制作

戈特曼 "亲密关系" 系列	《爱的沟通》 《幸福的婚姻（全新升级版）》 《爱的冲突》 《幸福婚姻的 10 大敌人》	《爱的博弈》 《当婚姻中有了孩子》 《培养高情商的孩子》 《人的七张面孔》

献给我们的父母莉娜·戈特黑尔夫斯曼（Lina Gotthelfsman）和所罗门·戈特黑尔夫斯曼（Solomon Gotthelfsman），以及塞尔玛·施瓦茨（Selma Schwartz）和马文·施瓦茨（Marvin Schwartz），庆祝他们长久的婚姻。

——约翰·戈特曼和朱莉·施瓦茨·戈特曼

是什么让我们在一起

约翰 · 戈特曼

朱莉 · 施瓦茨 · 戈特曼

戈特曼"亲密关系"系列终于跟中国读者见面了，我和妻子朱莉·施瓦茨·戈特曼（Julie Schwartz Gottman）对此倍感欣喜。借此机会，我们要向所有的中国读者表达最诚挚的问候。

中国是一个伟大的国家，也是世界文明发展的引领者。只要是受过教育的人，没有谁不会对中国的灿烂文化、艺术、科学以及对世界的贡献赞叹不已。如今，中国在世界和平发展以及全人类的繁荣等方面起着领导作用。我们对此感到由衷的钦佩，并真诚地祝愿所有中国人幸福、长寿。

我们衷心地希望，世界上所有人都能认识到，人类是一个大家庭，有许多共同点，我们也正因如此才能如亲人般紧密相连。尽管不同国家或地区的人分歧和矛盾不断，然而冥冥之中，始终有一股强大的力量把人类紧密联结在一起，这种力量就是爱。对爱的渴望是人类的共同追求。人们期待矢志不渝、一生一世的爱。人们期望通过爱建立家庭，共同追寻生活的意义，共同为养育健康、蓬勃而可爱的下一代努力。希望所有人能共享这样的爱。爱是把所有人联结到一个伟大的人类大家庭中的纽带，是凝聚万物的力量。我们愿意和所有人一起，为这种爱欢呼。

　　我们一直致力于通过客观的科学方法，从亲密关系中的"成功者"和"失败者"身上学习关于爱的知识。在这个过程中，我们有幸认识了数以千计的伴侣，他们自愿加入我们的科学研究和临床治疗工作中，令我们十分感动。与此同时，我们和同事罗伯特·利文森（Robert Levenson）博士一起，以非常高的准确率预测了美国伴侣亲密关系的未来发展状况。至今，我们对此依然感到非常惊讶。在过去的 30 多年里，我们将这种预测性的理论知识转化为改善亲密关系的实践方法，并在全球许多国家进行了系统性实证研究，以测试这些方法的效果。我们发现，这些方法也适用于美国以外的其他国家或地区的伴侣，对此，我们同样感到非常惊讶。当然，在一开始，我们还未对这些方法同样适用于中国人有十足的信心，好在结果证明，它们也为成千上万个中国人带来了幸福，我们备受鼓舞，也十分欣慰。现在，戈特曼"亲密关系"系列出版了，希望它能继续为中国读者的幸福旅程助力。

　　当今世界，各国仍存在着较大的政治和文化分歧，以及我们不愿意看到的两极分化，这使一些国家或地区的人们日益疏远甚至形同陌路。那么，我们能做什么呢？从现在开始，一起从科学中学习坚韧而持久的爱吧。只有爱能让我们求同存异，并意识到彼此是真正的兄弟姐妹。同样，在寻找人生伴侣的过程中，我们将看到，拥堵的冲突之路可以轻而易举地变成辽阔的相爱之路。**在戈特曼"亲密关系"系列中，我们希望每个人都会看到，在我们对爱人日常的愤怒和失望中，其实蕴藏着欲望、梦想，也蕴藏着可以将冲突转变为亲密联结的蓝图。**我们首先要做的，就是学习如何把冲突转化为联结。也许在这个小小的星球上，无论身处何地，学会深爱他人都是我们通往共情、慈悲和爱的必由之路。

进入"爱情实验室"

冷 爱

国家二级心理咨询师

广东省心理咨询师协会副会长

数字健康产业连续创业者兼投资人

2015 年，我在机缘巧合之下与约翰·戈特曼团队结缘。他的团队集结了众多国际知名婚姻家庭治疗专家，致力于研究和解决各类婚姻与家庭问题。通过长时间的学习和交流，我和他们逐渐建立起深厚的合作关系。之后在湛庐的支持和推动下，我翻译了戈特曼的《幸福的家庭》、《爱的沟通》以及这本《幸福婚姻的10 大敌人》等作品。此外，我还和湛庐共同制作了有声书。希望通过这些作品，让更多的读者了解婚姻与家庭问题的解决方法，并学会科学地建立、经营和修复自己的亲密关系，享受幸福。戈特曼的这些书几乎涵盖了所有与婚姻和家庭相关的主题，比如男性如何科学地展开恋爱和维护亲密关系、夫妻如何携手打造幸福的婚姻关系、新手父母如何面对家庭结构改变带来的一些列问题等。

无论哪个时代的人，都会渴望拥有健康长久的亲密关系，而每个处在婚姻中的伴侣，也都希望拥有幸福的婚姻。但面对生活的日常琐事以及各自不同的性格、观念和梦想，夫妻之间难免出现龃龉，继而影响甚至破坏双方的亲密关系。在这种情况下，学习如何科学地修复和挽回婚姻关系，就是一项或多或少都需要掌握的能力。《幸福婚姻的 10 大敌人》这本书正提供了关于这一命题的宝贵回答。书中展现了戈特曼团队在婚姻和家庭问题上进行的深入研究和创新方法，为夫妻通过携手合作来挽回关系提供了全新的视角。更难得的是，大名鼎鼎的爱情实验室（The Love Lab）自建立以来，已经帮助了无数伴侣解决亲密关系问题，但它究竟是如何运作的，外界仍知之甚少。在本书中，戈特曼首次全面披露了爱情实验室的疗愈全过程，真实展现了 10 对夫妻把婚姻从破裂的边缘拉回安全地带的全程。书中摘录了夫妻二人在咨询前和咨询后的两次对话，其中的变化可谓惊人。可以说，读这本书比读戈特曼任何一本书都"划算"，因为它相当于把你直接带进爱情实验室，还有什么比借由一本书走进世界顶级的咨询室更划算的事呢？因此，无论是对渴望建立亲密关系的单身人士、婚姻中的伴侣还是婚姻家庭咨询等领域的从业者来说，这都是一本不容错过的佳作。

书中提出的观点和方法都以真实案例为基础，并详细记录了戈特曼团队干预陷入婚姻困境的夫妻的过程。书中提到，夫妻间的冲突有两种，一种是可以解决的，一种是相对固化、难以解决的，而后者的比例高达 69%。对于这两种问题，戈特曼分别给出了一系列针对性的科学解决方案。作者通过分析书中 10 对夫妻的具体案例，深入剖析了婚姻中常出现的各种问题，比如伴侣是工作狂、伴侣有了外遇、伴侣彼此失去激情等，并给出了具体的应对方法。这种案例式的指导方式能让读者更深入地洞察婚姻的奥秘，也能更容易地接受和理解书中的方法。同时，本书还具有很强的实战性，提供了许多测试、真实对话和练习，将手把手帮助婚姻中的伴侣学会正确识别和解决婚姻问题。

此外，书中提到的真实故事都能给人以很大的启发。这些触动人心的故事展示了人们在追求亲密关系过程中呈现的生命品质。比如其中两对年近八旬的夫妇，仍然在努力改善彼此的亲密关系，这足以让我们看到亲密关系之于人生的奇妙又不可抗拒的魅力，驱使着我们穷极一生去追寻。

在我看来，这本书值得每个人来读。如果你目前没有太大的婚姻问题，阅读本书将有助于你规避或预防相关问题；如果你正遭遇婚姻问题，那你更应该读一读本书，你一定能从中获益良多。总之，任何渴望幸福的亲密关系的人，都值得读一读本书。

最后，感谢戈特曼团队和湛庐的支持与帮助。我相信，本书将为我国乃至世界范围内的婚姻家庭咨询行业带来里程碑式的改变，它让我们重燃对经营幸福婚姻的信心：只需要一点微小的改变，就能调转亲密关系列车的方向，让伴侣重回幸福。更重要的是，它将敦促更多的人关注和解决婚姻与家庭问题，从而提升全社会的幸福感。

由危转安的婚姻，都发生了什么

约翰·戈特曼

朱莉·施瓦茨·戈特曼

早在许多年前，约翰[①]和他的同事在华盛顿大学工作时就发现，他们可以通过科学观察和审慎分析来预测某对夫妻离婚的可能性，且准确率在 90% 以上。

这一发现极具吸引力。这意味着，如果心理学家可以明确发现导致离婚的特定行为，那么在婚姻中挣扎的夫妻或许可以据此做出相应的改变，从而挽救婚姻。但就像天气预报预测天气一样，成功地预测问题的发生并不意味着我们有办法解决问题。例如，用雷达侦测到暴风雨将至是一回事，让暴风雨消失则是另一回事。

帮助夫妻解决问题，是戈特曼研究所（The Gottman Institute）一直以来在做的事情。从 1994 年开始，我们采用不同的方法，帮助夫妻找出婚姻中的问题所在，并帮助他们解决这些问题。我们尝试了许多种不同的咨询方法，来帮助夫妻改善婚姻关系，预防离婚。

[①] 本书由约翰·戈特曼、朱莉·施瓦茨·戈特曼、琼·德克莱尔共同完成，当称"我们"时，即代表三人，当称"约翰"时，即代表约翰一人，以此类推。——编者注

通过戈特曼研究所的工作坊、咨询课和图书，许多夫妻学会了如何增进彼此的感情并管理冲突。换句话说，他们学会了面对婚姻中的许多问题，如：

- 照顾新生儿的压力；
- 工作的压力；
- 丧失对性爱和浪漫生活的兴趣；
- 健康问题；
- 外遇问题；
- 抑郁问题；
- 由家务琐事和经济状况导致的口角；
- 退休后生活改变的问题；
- 失去工作、失去自我或失去一生的梦想。

至今，我们已经取得了振奋人心的成果。我们的研究显示，在参加工作坊的夫妻中，86% 的夫妻在解决婚姻僵局问题上都取得了显著进步；一年之后，75% 的丈夫和 56% 的妻子都感到自己原本破碎的婚姻逐步进入了正轨。除了参加工作坊，阅读相关图书也有所帮助。我们的一项研究表明，在读过《幸福的婚姻》① 这本书的夫妻中，63% 的夫妻都认为自己的婚姻关系有了改善，而且在一年后，他们的婚姻关系仍在持续好转。

这些研究结果表明，我们的工作坊比其他婚姻治疗方法更有效。美国知名婚姻关系学家尼尔·雅各布森（Neil Jacobson）评估了市面上其他受欢迎的婚姻治疗方法，他发现，在使用这些方法的夫妻中，只有 35% 的夫妻认为，在接受咨询后，他们的婚姻状况有了改善。

那么，我们成功的秘诀是什么呢？是科学。本书介绍的方法既非空穴来风，

① 该书提出的经营幸福婚姻的 7 大法则风靡全球，帮助无数夫妻和婚姻治疗从业者找到了化解婚姻危机、重塑亲密关系的有效方法，被誉为"婚姻圣经"。其中文简体字版已由湛庐引进。——编者注

也非凭空想象，它们是以约翰及其同事几十年来的科学研究为基础的。几十年来，约翰一直在华盛顿大学的家庭研究实验室做实验。后来，该实验室逐步发展成戈特曼研究所的一部分。现在，我们称该实验室为爱情实验室。在爱情实验室中，我们会采访、观察前来咨询的夫妻，并研究他们之间的互动。我们利用摄像机、心率监测器以及其他生物反馈仪来测量夫妻在交流时的压力水平，然后仔细解读获得的信息并对其进行科学的统计分析。我们观察了数以千计的夫妻，并长期追踪他们的变化，最终累积了大量关于婚姻的动态数据。因此，我们可以确定哪些互动可以带来恒久的幸福，哪些互动会导致情感疏离甚至离婚。

为了让人们能在日常生活中运用这些信息以改善婚姻关系，我们成立了戈特曼研究所。戈特曼研究所为夫妻提供婚姻关系咨询和工作坊，也为婚姻关系咨询师提供督导培训。通过整合约翰广泛的研究发现和朱莉 30 年的临床心理治疗实践，我们发现了两条再简单不过却又令人惊奇的真理：

- 第一，幸福的夫妻表现得更像好朋友。

  具体来说，幸福的夫妻彼此尊重、喜爱且能共情。他们会密切关注彼此的生活且能在情绪上保持联结。约翰关于夫妻如何讨论冲突的一项研究很好地证明了这一点。该研究显示，那些幸福地处在稳定婚姻关系中的夫妻在讨论冲突时，他们释放的积极信号和消极信号的比例是 5∶1。相较而言，对于最终离婚的夫妻，这个比例是 0.8∶1。

- 第二，幸福的夫妻处理冲突的方式更加温和，也更加积极。

  这些夫妻能意识到，在任何婚姻中，冲突都是不可避免的，有些冲突甚至永远无法得到解决。但他们从来不会陷入僵局，而是彼此不断地讨论冲突。他们会倾听彼此，然后找到彼此都能接受的方法。

在本书中，我们将介绍 10 对夫妻，他们在接受我们的咨询之后学会了如何解决那些威胁婚姻的严重问题，这些问题包括沉迷工作、外遇、为人父母的压力、未解决的愤怒和怨恨、失去性欲等。你可以了解到他们的背景以及他们对婚姻问题的看法。此外，你也会读到他们的部分对话，并了解到他们是如何讨论彼此的矛盾的。

我们会向你呈现每对夫妻的两次对话，一次发生在接受我们的咨询之前，另一次发生在接受我们的咨询之后。此外，我们也会呈现我们对夫妻对话的评价。这样，你就可以从咨询师的视角了解如何监测亲密关系中常见的问题。你或许会认识到，有时候，简单的几个字就会终结一段对话，甚至终结一段婚姻。约翰曾提出摧毁婚姻关系的"末日四骑士"互动模式。研究表明，如果不改善这些互动模式，夫妻关系往往会崩溃，也可能导致离婚。"末日四骑士"包括：

- 批评：抱怨或指责对方，同时全面攻击对方的性格或人格，如对对方说"你总是……"或"你从来不……"；
- 防御：采用防御的方式来表明自己的无辜或回避责任，常常表现为发牢骚；
- 蔑视：带着敌意或厌恶的态度批评对方，包含讽刺、嘲笑、谩骂和挑衅，如当夫妻双方谈论重要的事情时，一方的眼神中展现出轻微的一瞥；
- 冷战：一方对对方的发言毫无言语回应或肢体回应，与这样的人谈话就像在对着一堵墙说话。

当夫妻取得了巨大进步，如当他们说了某些话或做了某些事显著地改善了双方的关系，使彼此更加亲近、包容，甚至治愈了旧创伤，我们也会给予评价。这样的积极行为包括：

- 温和的开场白：用温和的方式展开讨论，而不是批评或侮辱对方；当一方用温和的方式开始讨论时，对方更愿意倾听，这样一来，双方更容易达成一致；
- 转向对方：亲密的关系需要一系列"情绪邀请"；当一方释放出情感联结信号时，如提问、微笑或想要拥抱，对方可能会做出以下行为之一：

  扭过头去，采取回避态度；

  用愤怒和敌意予以回应；

转向对方，展现出自己的包容，倾听并鼓励对方。

研究显示，习惯性地回避或用愤怒和敌意回应对方，会损害婚姻；而不时地转向对方，则有助于增强双方的情感联结、友谊和爱意。

- 修复对话：要做到这一点，夫妻双方要学会在发生冲突时减少消极情绪；修复对话的方法包括道歉、微笑或表达幽默感，这有助于缓和紧张氛围，从而让双方都感到更加放松；

- 接受对方的影响：如果夫妻双方愿意接受彼此的影响，那么他们的婚姻会更牢固，也会更幸福；固执己见或喜欢操控对方只会带来相反的结果。研究显示，如果丈夫愿意接受妻子的影响，那么他们的婚姻会更牢固、更幸福。

约翰在其他著作中已经提到过以上这些概念，本书将重点带你深入了解爱情实验室。在本书中，10 对接受过我们咨询的夫妻会分享他们的故事和经验，供你参考。为了保护他们的隐私，我们对他们进行了匿名化和去标识化处理，不过，所有的场景和对话都是真实的。

其他书或许会告诉你如何改善婚姻，本书则会告诉你这种改善是如何发生的。通过本书，你可以了解到真正的夫妻如何讨论婚姻难题，如何结束破坏性互动，以及如何平和地相处；你也可以了解到我们的建议是如何帮助他们重拾最初相识的浪漫时刻的。

在本书中，每一章都包含测试，你可以通过这些测试检验自己的情况。同时，我们也介绍了一些练习方法，以帮助你取得切实的改善。

在阅读过程中，你会发现，要想改善夫妻关系，有时候只需要夫妻双方做出微小的改变即可。例如，丈夫可以学着多问问妻子的感受，妻子可以学着对丈夫所做的一切表示感激。如果夫妻在激烈地争吵，那么他们应停下来，暂时冷静一下。此外，他们还可以利用一些技巧来进行更深入的对话，如彼此分享各自的希望和梦想。

当然，我们并非建议所有夫妻都改头换面，彻底颠覆双方目前的行为模式。

研究显示，微小但频繁的积极行为会对长久婚姻的成功产生很大的影响，我们可以将其比作驾驶飞机横跨美国：飞机在俄亥俄州上方稍微偏离几度，变化似乎很小；但如果继续飞行下去，最终的降落之地可能会从洛杉矶偏离到旧金山。再回到正题，我们讨论的其实是夫妻的长期关系，如果夫妻双方在小事上持续不断地做出积极的努力，他们最终会变得更幸福。

无论你目前是否处于一段痛苦的婚姻关系中，抑或只是希望追求更牢固、更幸福的婚姻，阅读本书都会使你受益，你会感觉自己在和一名很有经验的咨询师一起努力改善自己的婚姻。无论你是否接受咨询，你都能从本书中学到有用的技巧，获得深刻的见解。

通过阅读本书，你也会感到自己并不是唯一渴望通过努力改善婚姻的人；你会了解到，你和你的伴侣遇到的问题并非无法克服。另外，如果你对本书中提到的某些场景和对话感到似曾相识，也不用感到惊讶。事实上，每对夫妻都是独特的，但也有很多共性。幸运的是，我们可以互相学习，共同进步。

01

另一半沉迷工作

TEN LESSONS TO TRANSFORM
YOUR MARRIAGE

能感激彼此的夫妻
更容易感受到强烈的情感联结，
这反过来有助于双方讨论
与工作有关的冲突。

萨姆记得自己当初对凯蒂一见钟情。凯蒂当时是学校垒球队的新成员，她给萨姆的第一印象是"既聪明又有趣，而且非常有吸引力"。

然而对萨姆来说，维持自己和凯蒂的关系非常困难。在他们第一次约会之后，凯蒂去了巴拉圭，在那里开始了在美国和平队为期两年的服役。为了追求凯蒂，萨姆给她写了很多深情款款的情书。萨姆曾向凯蒂保证，在她服役结束之后，会和她一起周游南美洲。

凯蒂称赞萨姆是个风趣、幽默的好男人，并认为和他这样一位男士一起去南美洲旅行要比自己一个人去安全许多。"但我觉得他简直疯了！我们当时几乎不认识，他却给我写了那么多情书。"

后来，两人结婚了。10年间，他们总共生了3个孩子，两人也改变了许多。来到爱情实验室以后，凯蒂和萨姆发现双方实际上非常了解彼此，即使在育儿和金钱等困难议题上，双方的观念也能保持一致。

但他们也面临着很大的挑战。在第一次咨询时，凯蒂就向我们抱怨，说萨姆工作的时间太长了。萨姆在一家小型生物科技公司工作，负责生物科技研究，他几乎把所有的精力都用在了工作上，没有留出时间给家人。在凯蒂看来，"萨姆或许可以成为一位好父亲"。然而，当萨姆休息时，他却完全没有精力陪伴 3 个孩子，这 3 个孩子一个 6 岁，一个 4 岁，一个只有 18 个月大。

凯蒂是位生物科学家，还有自己的兼职工作，所以她理解萨姆的工作竞争压力很大。但她仍然觉得，为了家庭，萨姆必须在工作和生活之间取得平衡。

另外，凯蒂也希望萨姆多关注她。每天晚上，当孩子睡觉之后，萨姆就会到地下室的办公室，一直工作到很晚。凯蒂希望他可以到床上来，两人温存一会儿。凯蒂很不理解：那个曾经给她写深情款款的情书的萨姆去哪儿了？她觉得双方仍然需要浪漫和亲密。

当然，萨姆也有自己的不满。他认为凯蒂似乎理解不了他为家庭付出的努力，他辛苦地工作，但得到的只有批评和抱怨。萨姆觉得，凯蒂应该理解，当他全神贯注地试图解决某个工作难题时，他很难停下来去关注家人。当他终于可以休息时，他需要更多属于自己的时间彻底放松。但当萨姆放松时，凯蒂却不断地寻求他的注意力，这让他想要退缩。

对于挣扎在忙碌的工作与繁重的育儿负担之间的夫妻，这样的抱怨很常见。一天的时间总归是有限的，夫妻双方总会对彼此的时间分配方式感到不满。这种冲突不可能从婚姻生活中彻底消失，解决冲突的关键在于，夫妻之间要学会求同存异。当凯蒂和萨姆来到爱情实验室时，他们对婚姻似乎已经失去了信心。

凯蒂说："每次试图讨论问题时，我们只会更加生气，以至于最后萨姆都不愿和我待在同一个屋子里，我简直快要疯了！"

"我们在一些非常琐碎的事情上也无法达成一致的意见，"萨姆补充道，"因为我们无法正常沟通，只会争吵。"

为了更好地观察萨姆和凯蒂是如何处理冲突的，我们请他们花 10 分钟讨论彼此的不同意见。我们用摄影机录制了整段对话，并在他们的手腕和腹部安装了生理监测仪，这样一来，当他们谈话时，我们就可以通过心率等生理指标来监测他们的压力水平。在他们的对话结束之后，我们会仔细分析视频和他们的生理数据，并观察他们的互动。

以下左栏是萨姆和凯蒂真实对话的部分摘录，右栏是我们给出的评价。建议你从左栏的对话开始看，然后再看评价，这样有助于你更多地关注对话中的成功之处和有待改进之处。带 "+" 号的评价代表该表达有利于双方互动；带 "－" 号的评价代表该表达不利于双方互动。你可以一边阅读，一边总结他们的互动模式，并重点关注他们是如何从提意见转向批评对方的，以及批评的效果如何。最后再阅读我们之后给出的分析和改进建议。

走进
爱情实验室 THE LOVE LAB

对话	评价
凯蒂：从去年夏天开始，你几乎把所有的时间都放在了工作上。即使你身在家里，你的心也不在。我真的很害怕这种情况再次发生。	＋温和的开场白 ＋不抱怨，提意见 ＋清楚地表达自己的感受
萨姆：工作对我来说很重要。工作决定了我的价值。	－没有回应对方的情绪 －轻微地防御 ＋陈述自己的需要
凯蒂：我知道。你最近又开始忙起来了，我不希望同样的情况再发生一次。我们总是很生对方的气。	－对对方的内心陈述听而不闻 ＋使用"我们"进行对话，也意味着愿意为所讨论的问题共同承担责任

| 萨姆：是的。我记得。 | ＋肯定对方的陈述 |

| 凯蒂：我不希望同样的情况再发生一次。所以，我想找个方法，这样即使你再忙，也可以参与家庭生活。我知道你想要我感激你，只要你能做到这一点，我会很感激的。去年夏天，我并没有感激你，因为我对你太生气了。当时你不在我身边，我感到非常孤独。 | ＋为问题承担责任
＋试图解决问题
＋表达自己的感受
－轻微地批评 |

| 萨姆：没错，我一旦忙起来，满脑子都是工作。 | ＋自我澄清 |

| 凯蒂：所以家庭就该排在工作之后吗？ | －批评、讽刺 |

| 萨姆：不！ | －轻微地防御（回应过于简短） |

| 凯蒂：你的意思是我和孩子应该离开你几个月吗？ | －批评 |

| 萨姆：我不是这个意思。 | －防御 |

| 凯蒂：你人虽然在这里，但心不在。 | －批评 |

| 萨姆：我不是这个意思。我只是觉得你并不尊重我的工作。你看不到我工作的价值。每个人都对我有所要求，你也有要求。 | －防御
＋表达自己的感受
－提建议变成批评 |

| 凯蒂：我对你提的都是合理的要求。你是我丈夫！你应该是我最好的朋友、知己，我的依靠。 | －防御
－再次批评
－未回应对方的建议 |

| 萨姆：你想要我支持你，你却没有支持我，你只是对我提要求。 | －防御
－反击 |

（过了一会儿，凯蒂开始对双方的睡觉时间提意见）

凯蒂：我希望我们一起上床休息。	+ 温和的开场白 + 没有责备对方
萨姆：我经常会上床和你聊一会儿，但我也想看会儿电视……	− 轻微地防御 + 表达自己的需要
凯蒂：你并没有和我一起上床睡觉。我躺在被子里，你却歪在被子外面。我的意思是，我不知道身体接触对你有没有意义，但对我来说很重要。	− 打断对方 − 忽视对方的愿望 + 清楚地表达自己的需要
萨姆：身体接触就是抚摸吗？	+ 提问以澄清对方的需要
凯蒂：是的。	
萨姆：那对我当然有意义。	+ 肯定对方，澄清自己的感受
凯蒂：我想靠在你的肩头。	+ 进一步澄清自己的需要
萨姆：我理解你希望我和你一起入睡。我也想，但我也希望有一些自己的时间。	+ 重新陈述对方的需要 + 表达自己想要独处的需要
凯蒂：可是你会一直独处到凌晨 3 点。	− 轻微地防御
萨姆：是的。我有时的确是这样，但并不是每天都这样。等孩子上了床，你就想说话，而且一直说一个晚上。	− 防御 − 批评对方的需要
凯蒂：萨姆，不是这样的。我完全记不起我们曾经整晚聊过天。	− 防御
萨姆：你倒是想这样。	− 批评

凯蒂：但我一次也记不起来曾经发生过这样的事。我真正想要的是和你有所联结。	－ 防御 ＋ 表达自己的需要
萨姆：我知道。	＋ 肯定对方
凯蒂：一部分原因是我确实觉得拥抱让我们更加亲密；另一部分原因是，每次你熬夜之后，就会非常累。	＋ 表达自己的需要
萨姆：是的。好吧，你从我这里想要更多。你想要我怎么做？	＋ 重新陈述对方的需要
凯蒂：在情感上和我在一起、和孩子在一起是很开心的，你可以做个特别称职的父亲，我希望你那样做。当你非常累的时候，你就没时间和孩子在一起了。你一点儿耐心都没有，总是冲他们大吼大叫。	－ 打断对方 ＋ 表达感激之情 ＋ 表达自己的需要 － 批评对方
萨姆：我也很想改变，但我感觉我不得不熬夜，我不得不……	＋ 表达自己的感受
凯蒂：但这都是你的选择。你是唯一可以控制你生命的人。	－ 打断对方 － 批评
萨姆：我知道。但你始终充满敌意，并不支持我做出改变，这样毫无帮助。	－ 防御 － 攻击对方 － 埋怨

批评—防御—反击的恶性循环

从萨姆和凯蒂的以上对话中，你发现了怎样的互动模式？

凯蒂利用一种温和的非对抗式方式开启了与萨姆的对话，即我们所说的"温和的开场白"，这对希望增进彼此情感联结和理解的夫妻来说非常重要。凯蒂阐述了自己的需要而没有埋怨萨姆，只是单纯地描述了他的行为（长时间地工作和熬夜）是如何影响她的，而且她也表达了自己的感受。

萨姆也有做得不错的地方，比如他勇于承担责任，但他从来没有认可凯蒂的孤独和沮丧。几轮对话之后，真正的问题才开始出现：凯蒂逐渐提出诉求并开始批评萨姆。换句话说，她从单纯地表达自己的感受转变为对萨姆的错误进行负面评价，而不再专注于特定的问题，开始泛化争议，比如她对萨姆说"你的意思是我和孩子应该离开你几个月吗？"及"你人虽然在这里，但心不在"等。此外，她开始讽刺萨姆："所以家庭就该排在工作之后吗？"

萨姆的回应很典型。他既没有展示出共情，也没有表达理解，他只是为自己辩解，后来开始批评凯蒂。比如，他对凯蒂说"你想要我支持你，你却没有支持我"，这只会让凯蒂更多地进行自我防御，从而进入批评—防御—反击的恶性循环，继而导致双方的矛盾升级。

好在凯蒂和萨姆的这次对话并没有导致冲突升级，因为凯蒂在几句话之后为冲突按下了暂停键。她同意萨姆的看法，承认自己确实索求过多，这使萨姆有机会表达自己的需要，而她也认真地倾听了。没过多久，他们的对话中又开始出现批评和防御。当对话结束时，凯蒂很沮丧，而萨姆开始退缩。如果这次对话不是发生在爱情实验室，而是发生在他们的卧室，恐怕萨姆此时已经独自去了地下室，而凯蒂只能一个人生闷气。

爱情实验室的建议

后来，我们建议萨姆和凯蒂再进行一次对话。这次，我们给他们提了以下 3 条建议。

不带批评地提出诉求

凯蒂和萨姆的诉求都很合理。凯蒂觉得自己需要萨姆帮助自己照顾孩子，也需要萨姆更多地关注自己。萨姆则觉得自己需要凯蒂的尊重，因为他为家庭努力工作并为家庭提供经济支持。因此我们认为，他们需要做出的最重要的改变，就是学会在不批评对方性格或人格的前提下提出自己的诉求。双方持续地互相批评会对婚姻关系造成很大的伤害，如果双方不控制这一点，他们的婚姻关系可能会分崩离析。而如果他们学会用更健康的方式来表达自己的诉求，则可以跳出批评—防御—反击的恶性循环，从而避免无休止的争论。

如果一方对对方的批评特别敏感，那么避免批评就显得特别重要。根据我们的观察，这一点尤其适合萨姆。萨姆出生在一个军人家庭，在某些心理学家看来，这样的成长环境会让他对他人的批评特别敏感。萨姆甚至对特别不起眼的负面评价都十分在意，尽管他不承认这一点，但事实确实如此。

为了帮助萨姆克服这种敏感的心态，我们建议凯蒂问萨姆一些针对其行为的问题。通过真诚地表达自己对萨姆工作的兴趣，凯蒂或许可以帮助萨姆敞开心扉，这样他们就可以展开更深层次的对话，并能增进对彼此的了解，最终找到解决冲突的方法。

找出诉求背后的真正渴望

显然，萨姆希望从凯蒂那里得到更多的理解和欣赏。事实上，尽管凯蒂并不经常表达出来，但我们可以看出，她实际上非常欣赏萨姆，所以她才希望花更多的时间和他待在一起。凯蒂很喜欢萨姆的幽默，希望和他分享育儿的喜悦，也渴望彼此更加亲密。

问题是，萨姆并没有感受到凯蒂的渴望，他只感受到了她的不满和烦躁。当凯蒂说"我希望和你一起窝在床上，感受你皮肤的温度"时，萨姆内心想的却是

"又来了，我做得还不够"。

我们建议萨姆认真倾听凯蒂的诉求，如果他不确定她诉求背后真实的渴望，就主动提问。萨姆可以问凯蒂："对你来说，我们俩晚上一起躺在床上意味着什么？为什么这对你来说很重要？"

凯蒂则可以问萨姆："尊重和支持你的工作对你来说意味着什么？为什么这对你来说很重要？在你看来，我怎样做才能尊重和支持你的工作？"

表达和接受感激

萨姆和凯蒂都觉得对方对自己缺乏足够的感激，这非常糟糕。其实，他们都为家庭付出了巨大的努力。彼此很少表达感激在很多忙碌的年轻夫妻中很常见，尤其当他们的工作压力和家庭压力都很大时，他们为了工作和家庭疲于奔命，没有精力表达"谢谢你处理报税的事情"或"真的很感谢你夜里两点起来给孩子喂奶"等感激的话。而当夫妻双方不再彼此表达感激时，他们会觉得自己的努力在对方看来是理所当然的，因此他们的压力会更大。

对萨姆和凯蒂来说，他们的境况就是如此。萨姆每天工作很长时间，凯蒂则独自照料孩子。因此，我们建议他们更多地注意对方所做的努力。我们告诉他们，要发现对方的努力，然后主动表达出来，还要告诉对方自己看到了对方的努力并因此非常感激对方。

我们注意到，凯蒂时常表达自己对萨姆的感激，但萨姆似乎并没有真正地感受到这一点。我们认为，原因可能在于凯蒂常常边表达感激边批评。例如，凯蒂曾夸奖萨姆是个"特别称职的父亲"，后来却说"你一点儿耐心都没有，总是冲他们大吼大叫"。凯蒂批评的负能量太大了，以至于掩盖了她的所有感激。

另外，萨姆很难接受凯蒂的感激。他告诉我们："有时候，我并不理解她对我的爱，我不知道她的爱究竟来自哪里。"对此，我们建议萨姆"接受凯蒂的感激与爱"：

即使凯蒂的爱看起来有些不合常理，也要接受；当她表达感激后，在自己脑子里重复一遍她的话。时间长了，萨姆就能接受这一点：自己完全值得凯蒂的感激与爱。

　　以下左栏是萨姆和凯蒂第二次对话的部分摘录。在这次对话中，他们采纳了我们的建议。

走进 THE LOVE LAB　爱情实验室

对话	评价
凯蒂：我希望你告诉我，为什么工作对你来说如此重要。	+ 用支持性问题开场
萨姆：我想要告诉你一些你不知道的事。我很高兴你希望我抱着你。我很感激你想要这么做。	+ 表达感激
凯蒂：很高兴你这样说，因为我确实很喜欢。	+ 表达欣赏和感激
萨姆：关于工作，对我来说，解决复杂的技术问题让我很有成就感。	+ 回应并表达自己的感受
凯蒂：所以你一直想着工作？	+ 开放式的探索性问题
萨姆：我就是这样的，这都是无意识的。	+ 回应并澄清
凯蒂：如果你的工作不是这么花时间或没有挑战性，你还会从中感到有价值吗？	+ 探索性问题
萨姆：当然，但我的满足感并不来自他人的认可。我感到满足是因为我觉得自己做得很棒。我的自尊也来源于此。问题的关键在于我能想出好点子。	+ 回应并表达自己的感受
凯蒂：那你一定感觉很棒。	+ 表达共情和肯定

| 萨姆：是的，感觉很不错。我很感谢你这样问我。这种感觉很棒。 | + 表达自己的感激和感受 |

（接着，对话回到双方的亲密时光。）

| 萨姆：我希望每晚可以花时间和你相处，但问题是，我这样想是出于责任感，而非我真的想要。我感觉这成了我的义务，而非我的主动选择。 | + 表达想要满足对方需要的主观意图
+ 诚实地表达自己感到被强迫了
+ 未抱怨 |

| 凯蒂：我真的很感激你希望和我共度晚间时光。但即使我说"我可以和你一起待半小时？"，你还是觉得我在批评你。即使我不说"我们一周都没在一起了"，在你听起来依然是"天哪！我还是做得不够。她从来没觉得我付出了很多"。 | + 表达感激
+ 诚实地表达担忧，因为对方即使听到自己的需要也会觉得自己在抱怨 |

| 萨姆：你说得对。我很有可能会这么想。但如果我们花些时间经常练习，可能会做得更好。 | + 认同自己的责任，表达希望 |

| 凯蒂：我还要说些什么会使你觉得更好？ | + 提出很好的探索性问题 |

| 萨姆：如果你可以直接告诉我你的需要，而不是纠缠于我过去的行为，那就更好了。因为如果你一直讨论过去，我可能会觉得你在挑剔我。我会继续练习更多地关注你的需要本身。或许你可以开开玩笑，那会让我觉得你是真的在表达需要而不是抱怨。 | + 表达自己的需要，让对方不再关注过去
+ 接受自己的责任
+ 表达想要找到解决之道的愿望 |

| 凯蒂：也就是说，如果我更轻松一些，会更好？比如开开玩笑？ | + 给出很好的总结和澄清 |

> 萨姆：是的，我觉得那样会对我们解决   + 表达肯定
> 问题很有帮助。

在对话结束时，萨姆和凯蒂看上去都解脱了。凯蒂通过提问表达了她对萨姆工作的真正兴趣，这让萨姆敞开了心扉。双方互相表达感激使他们的对话保持在积极的频道上，因此他们可以平和且有效地交流问题。另外，在这次对话中，双方都没有批评和防御对方。

通过这次对话，凯蒂第一次意识到批评是如何影响她和萨姆的关系的。她也了解到，即使她不挑剔，萨姆仍然会这样理解她。

萨姆则解释说，他知道了自己想要如何回应凯蒂的渴望。"当我觉得你没有在批评我时，我才会想给予你想要的。"他告诉凯蒂。

一年以后

一年以后，我们对萨姆和凯蒂进行了回访，结果发现，萨姆依然会投入很多时间在工作上，凯蒂依然希望他可以减少一些工作。对此，我们并不感到奇怪。萨姆和凯蒂对工作的不同态度属于我们所称的"永恒的冲突"，即夫妻双方基于彼此不同的性格或生活方式而产生的冲突永远不会消失，如金钱、居住地选择及家务处理等方面的冲突。

其实，每段长期关系都存在永恒的冲突。**根据我们的研究显示，69% 的婚姻冲突永远解决不了。**夫妻双方可以做的是改变自己的态度，接纳彼此的不同，并提高自己解决争议的能力。

凯蒂和萨姆在过去的一年中正是这么做的。凯蒂说她学会了接受萨姆对工作

的热情以及付出的努力——工作就是萨姆生命的一部分。"我努力不去为难他，因为这是他想要做的。"凯蒂说。

萨姆开始欣赏凯蒂的改变。"她不再批评我，这对我来说很重要。"他反馈说。

此外，萨姆也重新意识到了凯蒂的需要："她之前要我减少工作，我会觉得她试图在攻击我。但现在，我会先镇定下来，并想起来她这么做只是想和我在一起。她只是希望我能陪陪她。"因此，萨姆的防御减少了，并且也愿意按照凯蒂说的去做。

有益的诉求 vs. 有害的抱怨

人们常常误认为，幸福的夫妻不会彼此抱怨，而事实上，期望两个生活在一起的人彼此不抱怨本身就很不现实。每个人都有癖好，也有自己独特的需要、生活节奏以及习惯，这些都会导致冲突，并引发强烈的情绪。

内心有抱怨却一直压抑着不说，这并不好，这会让人不断地积累愤怒和报复的情绪，还会导致"消极情绪过载"，这样一来，消极情绪会完全压制积极情绪。一方开始积聚不满，并紧盯对方的每个过失。同时，消极情绪的不断增多只会导致两个后果：一是在情感上逐渐疏离对方以回避痛苦；二是彻底爆发情绪。而此时，对方还蒙在鼓里，且几乎没有机会改进以满足另一方的需要，因为他们并不知道自己哪里做错了。最终，不满的一方忍无可忍，彻底爆发。

其实，除了压抑情绪或爆发情绪，还有一个解决问题的方法，即夫妻双方可以通过饱含尊重的方式清晰且及时地表达自己的特定需要。这样做有很多好处：一方面，对方更有可能听见自己的诉求并做出回应；另一方面，通过这种健康的方式表达诉求，可以帮助双方解决问题、重塑浪漫及巩固关系。表 1–1 和表 1–2 列举了一些示例。

表 1-1　有益的诉求 vs. 有害的抱怨

有益的诉求	有害的抱怨
为问题承担责任 我们都两年没有度假了。或许我们该好好地进行财务规划	**抱怨对方的问题** 这都是你的错，害得我们负担不起度假的费用。你总是把钱浪费在毫无意义的事情上
从自己的角度描述问题 我对待金钱比较保守，我认为你买的那双鞋太贵了	**把问题描述成客观事实** 别人都觉得你买的那双鞋太贵了
关注特定的问题，一次解决一个 昨天晚上你把玻璃杯放在茶几上，结果现在留下了水印	**不停地抱怨** 你已经两周没有洗衣服了，也没有除草。你说过你要清理垃圾，但你一次也没有做到
	泛化地抱怨 你哪儿也不带我去
关注现在 你说过你会辅导孩子的功课，但你还在看电视	**纠缠过去** 我支持你读完法学院，但你连一次饭都没有煮过
关注对方的行动及其带来的感受 我以为我们会度过一个浪漫的夜晚，但你却邀请你妈妈过来。我感到很受伤，而且很失望	**批评对方的个性** 我以为我们会度过一个浪漫的夜晚，但你却邀请你妈妈过来。你怎么一点儿浪漫都不懂？

续表

有益的诉求	有害的抱怨
选择对方可以倾听且能回应的时机	在对方工作截止日或正照顾孩子时抱怨
告诉对方自己的需要和愿望 我感到很累，我现在只想和你拥抱一会儿。或许明天我们可以做爱	不提出诉求，期待对方猜出来 （她躲开他的抚摸，一言不发）

表 1-2 有益的回应 vs. 有害的回应

有益的回应	有害的回应
重新描述对方的诉求，告诉对方自己完全理解了 你感到沮丧是因为我迟到了一小时	彻底忽略对方的诉求
通过提问以更好地理解对方 如果我要迟到了，你希望我打电话告诉你吗？ / 你说你希望我多关注你，你是不是觉得我们聊天聊得不够？	轻视或批评对方的诉求 真不敢相信，我迟到了一小时你就生气。你真是个控制狂。 / 你希望我多关注你？你希望我坐在这里，整天盯着你？
认可对方诉求背后的情绪 我忘了那天是情人节。你一定感到很受伤，很生气吧？	为自己辩护 我忘了那天是情人节，因为我一直专注于工作。我必须得赚钱！
	讽刺或批评对方 你想要我怎么做？难道就为了让我在情人节放下工作？ / 你如果有份真正的工作，就不会如此痴迷于过情人节了

续表

有益的回应	有害的回应
勇于承担责任	**不承认自己有责任**
你是对的，我应该对你妈妈更好一些	这不是我的错，你妈妈太难取悦了

过于敏感的另一半

　　某些人对他人的诉求和批评反应非常强烈，这会使他们的伴侣很难表达自己的需要。他们这种过度敏感的特质可能源于儿时的经历。如果一个人在成长过程中遭遇过物质滥用、情绪虐待、生理虐待或性虐待等情况，那么他对他人的批评会更加敏感，因为在他处于完全自我中心主义的童年时期，他会认为自己的行为可以导致或防止家庭问题。例如，他可能会想"如果我足够好，妈妈就不会冲我吼了"或"如果我没有顶嘴，爸爸可能此刻还在家里"。

　　对成长于军人家庭的孩子来说，由于父母中的一方长年不在家，因此他们常常遇到这样的问题。例如，他们会想"如果我可以让爸爸开心，他或许就不会出海了"。那么，当孩子认为他们应当为自己无法控制的不良环境负责时，这会带来什么样的后果呢？实际上，当他们长大之后，他们会不自觉地自我防御，会习惯性地说："这不是我的错。"只要一听到抱怨，他们就会主动开始防御。而且，无论是否遭到攻击，他们都会准备反击。这会给他们的亲密关系或婚姻关系带来很大的问题。即使他们在和对方单纯地讨论一方的需要，也有可能演变成争吵。例如：

　　　　一方："我们需要省点钱。"
　　　　对方："不能总让我一个人付钱。"
　　　　一方："你昨天刚在理发店花了钱。"
　　　　对方："你的意思是我应该自己剪头发？"

如果你是过度敏感的人，可以参考以下做法：

- 当对方提出需要或诉求时，仔细倾听。对方可能不会像自己想象的那样挑剔；
- 当自动开启防御模式时，请保持警觉，并思考：自己是否可以想出不同的应对方法？
- 深呼吸，然后表示同意，看看接下来会发生什么，如"好吧，我们今晚来算算账"；
- 试着问对方的需要或诉求，如"你为什么希望每两周算一次账呢？"。

如果对方是过度敏感的人，可以按以下方式应对：

- 在表达自己的需要时，要格外注意避免批评对方；
- 如果对方开始防御，要避免用同样的方式回应；
- 澄清自己的需要，并回应对方的防御，如"我只是想算算账，这样才能知道我们有没有超支"。

沉迷工作造成的婚姻危机

凯蒂抱怨萨姆沉迷工作。这种抱怨很常见。许多像凯蒂一样的人认为，如果对方减少工作时间，并将更多的时间投入家庭，那么夫妻的亲密关系就会有所改善。这种想法很对，因为在很多案例中，提出需要的一方常常是对的。健康的婚姻关系需要夫妻双方共同投入时间和注意力。

如果一方为工作投入过多的时间，可能是因为他在工作中需要应对额外的压力，如老板的要求极高、面临绩效考核或末位淘汰的可能；可能是因为他面临着经济压力，需要长时间工作才能避免入不敷出；也可能是因为他对工作的态度决定了他不得不长时间工作。例如，对萨姆来说，他觉得职业代表了他的身份特征，他的工作体现了他的自我。像萨姆这样的人，或许会在认真工作时自我感觉良好。这并没有问题。事实上，对许多人来说，这是件好事。但在婚姻中，如果一方长期把过多的时间投在工作上，导致对方在情感上开始疏离自己，那么这样的工作方式会给婚姻带来危机。

如何才能打破这种局面呢？尝试像萨姆和凯蒂第二次对话那样展开对话，或许会有所帮助。这类对话主要关注两类问题。

一、如果一方工作时间过长，请他回答以下问题：

- 工作对你来说意味着什么？
- 工作给你带来了怎样的愉悦或满足？
- 工作能满足你的哪些生活需要？
- 你努力工作，是不是因为你想要为世界做出特别的贡献？

二、如果一方因对方工作时间过长而有所抱怨，那么请回答以下问题：

- 对方的缺席对你来说意味着什么？
- 对方已经缺席这么久了，你最怀念对方哪一点？
- 你最期待和对方在情绪、生理、智力或精神层面有怎样的联结？

在回答这些问题时，既不要批评对方也不要自我防御，而是要仔细倾听并感激对方为婚姻所做的贡献。

如果你是不满于对方工作时间过长的那个人，那就试着用积极的方式提出自己的诉求。

如果你是工作时间过长的那个人，那就仔细倾听对方的诉求，并注意其诉求背后的真实渴望。在谈话时，不要把注意力集中在对方想消除的行为上，如开晚间工作会议或电话会议，抑或在度假时回邮件，而要多想象工作时间减少之后的美好体验，如有了浪漫的假期、放松的夜晚，和孩子的关系变好了，等等。

解决问题的关键在于让沉迷工作的一方意识到，他的生命远比赚钱和工作更有意义。要让他知道，有人爱他、欣赏他、需要他，除了是公司的员工，他还是别人的朋友、爱人、知己、父母、旅伴……

通常，能感激彼此的夫妻更容易在情感上感受到很强的联结，这反过来有助于双方讨论与工作有关的冲突。有些夫妻会把冲突当作机遇，并借此改变自己的生活方式。也有一些夫妻会像萨姆和凯蒂一样保持现状，但他们更能接受对方的感受。即使双方对待工作的态度仍然不一致，但只要一方感受到对方的挑剔少了、感激多了，那么他们就有可能拥有幸福的婚姻。

◆ 测试　你的亲密关系中是否充满批评 ◆

本测试有助于测试者认识到，自己是否可以在不批评对方的情况下提出需要或诉求。测试规则：对以下描述进行两次判断，第一次从自己的角度判断，第二次从对方的角度判断。

描述	第一次 是　否	第二次 是　否
1. 当谈论到彼此的争议时，我常常感到被攻击或被批评		
2. 对方对我的看法太不公平了，我常常需要自我辩护		
3. 当我提出诉求时，我认为需要举例证明对方做错了		
4. 当我提出诉求时，我常常只是希望可以换个话题		
5. 我认为指出不是自己的错很重要		
6. 当对方提出诉求时，我常常感到被冒犯		
7. 我认为即使自己不说，对方也应该明白我的需要		
8. 我常常感到对方在攻击我的性格		

9. 当我提出诉求时，我要展示出自己的道德优势

10. 我常常觉得对方很自私且以自我为中心

11. 尽管对方经常挑剔我，但我并不会为此感到内疚

12. 小问题常常会令我失控

13. 对方特别容易受伤

14. 我经常对对方的态度感到厌烦

15. 对方在提诉求时，常用"你总是"或"你从不"等字眼

16. 我认为，告诉对方改善自己的性格会有所帮助

17. 当我提出诉求时，我认为举其他人的例子会有所帮助

18. 我常常会想：谁想要发生冲突？

19. 如果我不得不向对方寻求赞美，那这种赞美毫无意义

20. 我觉得对方很不尊重我

　　解读：在两次判断中，如果出现了 4 个以上的"是"，说明批评过多。可以参考表 1–1 进行练习，以减少批评。

● **练习 1　倾听抱怨背后的渴望**

　　本练习的目的是帮助夫妻弄清楚生活中的优先事项，并帮助双方进行交流，或许有助于改善夫妻关系。

　　在以下练习中，我们列出了一些夫妻之间常见的抱怨。夫妻之所以经常彼此抱怨，是因为他们期待彼此的关系更加美好。在读到以下抱怨时，可以想象其背后的渴望。

示例：

抱怨：你为什么总让垃圾堆成这样？

渴望：我希望我们能像队友一样，一起照顾家庭。

抱怨：你白天从来不给我打电话。

渴望：我希望即使不在一起，我们也可以更亲近。

抱怨：每天做完饭以后，我感觉好累。

渴望：我希望我们可以像约会时一样出去吃饭。

练习：

抱怨：我们已经好久没有开心过了。

渴望：_____

抱怨：我们已经很久没有性生活了。你怎么了？

渴望：_____

抱怨：我从来没有收到过特别的生日礼物。

渴望：_____

抱怨：我太累了，没力气出门买菜。

渴望：_____

抱怨：如果你再这样花钱，我们会破产的。

渴望：_____

抱怨：我非常讨厌你妈妈不打电话就过来。

渴望：_____

接下来，先列出一些对方的抱怨，再用一句话描述其背后的需要。

抱怨：_____

渴望：_____

抱怨：＿＿＿＿＿＿＿＿＿＿＿＿＿＿＿＿＿＿＿＿＿＿＿＿＿＿＿＿

渴望：＿＿＿＿＿＿＿＿＿＿＿＿＿＿＿＿＿＿＿＿＿＿＿＿＿＿＿＿

抱怨：＿＿＿＿＿＿＿＿＿＿＿＿＿＿＿＿＿＿＿＿＿＿＿＿＿＿＿＿

渴望：＿＿＿＿＿＿＿＿＿＿＿＿＿＿＿＿＿＿＿＿＿＿＿＿＿＿＿＿

抱怨：＿＿＿＿＿＿＿＿＿＿＿＿＿＿＿＿＿＿＿＿＿＿＿＿＿＿＿＿

渴望：＿＿＿＿＿＿＿＿＿＿＿＿＿＿＿＿＿＿＿＿＿＿＿＿＿＿＿＿

抱怨：＿＿＿＿＿＿＿＿＿＿＿＿＿＿＿＿＿＿＿＿＿＿＿＿＿＿＿＿

渴望：＿＿＿＿＿＿＿＿＿＿＿＿＿＿＿＿＿＿＿＿＿＿＿＿＿＿＿＿

抱怨：＿＿＿＿＿＿＿＿＿＿＿＿＿＿＿＿＿＿＿＿＿＿＿＿＿＿＿＿

渴望：＿＿＿＿＿＿＿＿＿＿＿＿＿＿＿＿＿＿＿＿＿＿＿＿＿＿＿＿

● 练习 2　给你的人生清单排序

以下练习来自朱莉为临终患者提供咨询的经验。朱莉发现，在面对死亡时，大部分人会为生命中的重要事情进行排序，他们知道哪些事情最重要。

通过工作坊，我们发现，想象自己的临终时刻有助于我们理解生命的价值，也有助于我们做出选择，即如何度过自己的一生。

阅读以下问题，并写下你的想法，然后和对方进行讨论。

● 想象一下，假如医生说你只有 6 个月的生命了，你将如何度过这最后的
  6 个月？

● 想象一下，打开你去世后第二天的报纸，你看到自己的讣告，你希望讣
  告是怎样写的？你希望别人如何评价你的一生？你希望自己为这个世界
  留下些什么？

● 利用以上两个问题引发的想法，写下自己的人生使命：你的人生目的是
  什么？你生命的意义是什么？你想要完成的最重要的事情是什么？现在
  在你的生活中，哪些事情最重要，哪些事情根本不重要？

02

对方有了外遇

TEN LESSONS TO TRANSFORM
YOUR MARRIAGE

坦诚地分享彼此的愤怒、
悲伤和恐惧并表达需求，
即使因此引发冲突也要坚持。

问题

· 戴维和坎达丝都在回避冲突；他们不会表达自己的消极感受；

· 当坎达丝提问时，戴维很有压力；

· 戴维不会向坎达丝表达理解，只会反复向她保证一切正常；

· 坎达丝感到很沮丧，因为戴维没有倾听她的心声；

· 坎达丝很有压力，开始封闭自我；

· 双方渐行渐远。后来，戴维有了外遇。

解决方案

· 无论多难，双方都要说出自己的感受和需要；

· 在安慰对方及解决问题之前，先认真倾听对方，并回应彼此的感受和需要；

· 意识到自己何时处于压力之下，然后采取措施逐步放松；

· 对婚姻抱有更多的期待。

在教会青年团体第一次相遇时，戴维就被坎达丝吸引住了，当时两人都是16岁。或许，戴维最想要的是一个运气好的妻子。

"我们当时正在打牌，坎达丝抽到了4张A和一张小王。我印象很深刻。"戴维回忆道。

坎达丝记得戴维当时是个说话轻声细语的温柔男孩，她的这种想法始终未曾改变。"我一直觉得他是个好人，是世界上最贴心的人。"她说道，"他对我非常好，是我最亲密的爱人和最好的朋友。"

现在，他们都40多岁了。可以想象，当坎达丝发现戴维有外遇时，她多么震惊。

"这件事发生在两年前。"戴维说。戴维是一名地产经纪人，主要在匹兹堡地区工作。当时，他的工作压力很大，因为他刚把大部分积蓄投资在某块地上，结果这笔交易让他血本无归。

"我感觉糟透了，但并没有和坎达丝说。"戴维说道。后来，他在工作中遇到了一位愿意倾听他心事的女同事。"她非常能理解我，我们就慢慢熟悉了起来。我从来没想到事情会发展到这一步，但它就是发生了。"

有一天，坎达丝接到了戴维的那位女同事丈夫的电话。她感到震怒，随即开始和戴维对峙。戴维并没有试图否认这件事，他承认了一切，然后立即终止了和那位女同事的关系。

随后，戴维和坎达丝为了修复婚姻关系付出了巨大的努力。在接下来的两年时间里，他们几乎读了能找到的每一本声称可以挽救婚姻的书，并参加了一些婚姻治疗工作坊，甚至在教堂共同开设了一门关于婚姻的课程。但他们发现，他们仍然很难克服戴维的外遇带来的伤痛。戴维始终感到内疚，而背叛感一直萦绕在坎达丝心中。

在戴维发生外遇之前，两人的婚姻并没有多大的问题。他们 19 岁就结了婚，然后在 4 年里生了两个儿子。由于工作需要，戴维经常出差去外地，他会带着全家人一起去。他和坎达丝都记得彼此年轻时的那段欢乐时光：他们开车旅行，晚上住在汽车旅馆，非常享受彼此在一起的时光。在孩子上学之后，坎达丝读了大学并成了一名护士，戴维则一直专注于房地产经纪业务。

坎达丝告诉我们，他们一直试图对婚姻抱持现实态度。"随着年龄渐长，少年时期的心动和激情自然就没有了，这是意料之中的。"坎达丝说。当他们快 40 岁时，浪漫已经不复存在，坎达丝对此毫不惊讶。他们之间依然存在坚定的友谊，这对他们来说已经足够了。

当坎达丝发现戴维有外遇时，她所有关于浪漫的想法都被颠覆了。"我发现戴维仍然可以浪漫起来，他的激情并没有因为我们年龄渐长而褪去。"

在外遇事件之后，戴维发誓他对婚姻依然非常忠诚，坎达丝相信了这一点。然而，坎达丝发现自己对戴维的需要越来越多，她需要戴维尽一切努力来确保自己依然是他的"唯一"。

戴维看上去在尽力满足坎达丝，但他承认，向坎达丝表达浪漫爱意对他来说很困难，因为他们都觉得彼此忙碌的生活是个问题。戴维说，他们总是忙于琐事，完全没有给彼此留出时间。

但我们认为，阻碍他们亲密关系的可能还有其他原因。为了找出这些原因，我们请他们讨论彼此的一次冲突。于是，他们谈到了在来爱情实验室之前的某天早上发生在酒店里的一件事。以下左栏是他们这次对话的部分摘录。

走进 THE LOVE LAB
爱情实验室

对话	评价
坎达丝：今天早上，我问你能不能在打完电话之后帮我按摩脚。如果你可以先帮我按摩，然后再打电话，我会觉得你更加重视我。	+ 良好的开端；清晰地表达自己的感受 + 陈述自己的需要
戴维：问题是，是你说"你可以给公司打完电话再帮我按摩脚"的。再说了，我已经安排好工作了。不过，我也不介意给你按摩脚。	− 防御 − 忽略对方失望的感受 − 用抱怨来回应 + 表达想要回应对方需要的愿望
坎达丝：但那样做会打乱你的计划。	− 否认自己的需要 − 轻微地防御 − 回避自己的需要
戴维：你之前说过，我可以先安排其他事情。结果你却生气了，所以我才会生气。你希望我可以读懂你的心。不过，我认为我们总的来说做得还不错，不是吗？	− 轻微地防御 + 陈述自己的诉求 − 试图通过赞美双方的关系来回避问题 − 不承认对方的失望感受

坎达丝点头	- 压抑自己的感受 - 未回应对方对问题的否定
戴维：我们在某些事情上确实有冲突。或许我们需要更多的沟通。	- 弱化自己的感受 + 犹豫着再次提起问题 - 试图过早地掩盖问题
坎达丝（哭着说）：我只是觉得……我很难过是因为我对你来说并不是最重要的。	+ 再次试图表达自己的需要和感受
戴维：你觉得我总是这样吗？	- 提出问题，但没有防御
坎达丝（拭去眼泪）：绝大部分时候，你把我排在第一位。	+/- 再次肯定对方，但回避讨论自己的需要
戴维（温柔地说）：你可以给我举个例子吗？	+ 不带防御地询问对方的反馈意见
坎达丝叹了口气，什么也没说	- 仍然压抑自己的悲伤
戴维：我已经在尽量理解你了，但如果我理解得仍然不对，那可能是我没有仔细听。	- 轻微地防御 +/- 承担责任，但表达方式笼统且模糊
坎达丝：我不知道为什么今天我这么激动。（一阵沉默）我的脑子现在有点乱。	- 压力导致她"情绪淹没"；沮丧阻碍了她的思考和交流 - 未表达自己的需要

回避冲突的伴侣

从表面上看，戴维和坎达丝很好地处理了彼此的冲突。他们充分地展现出对彼此的关心和爱护，整体的对话风格是甜蜜、温暖的。但仔细审视这段对话就会发现，他们之间存在情感疏离：戴维和坎达丝都在刻意回避消极情绪，继而回避讨论真正的冲突。尤其是戴维，尽管他急着想要安抚坎达丝，却未能成功地展示出他实际上非常在意她。

　　戴维和坎达丝原本是对婚姻关系抱持积极态度的人，因此他们一直非常重视彼此的相处。戴维的外遇在很大程度上威胁到了他们的关系，因此，让坎达丝重新建立信心就显得极为重要。但当他们持续回避冲突时，他们都会习惯性地压抑消极情绪。回避冲突的后果是情感疏离：双方会感到越来越孤独，彼此的浪漫不复存在。当双方不再亲近时，自然很难再产生激情。

　　不过，坎达丝希望利用这次来爱情实验室的机会向戴维表达她的需要。在刚刚提到的对话中，她勇敢地表达了自己对身体抚摸的需要，她要求戴维帮她按摩脚。尽管戴维一开始对这一请求存在防御，但他依然展示出自己的开放态度。不过，他并没有认同坎达丝的感受。例如，他并没有对坎达丝说"我没有停下来关注你，我感到你很失望"或"很抱歉，我没有留意你的暗示，你一定很受伤"。

　　我们认为，出现这种情况是因为戴维感觉自己和坎达丝讨论悲伤的话题实在太过冒险。我们在戴维的手指和胸部连上了电极，以观察他的生理状态，结果发现，他的心率确实有所变化。当坎达丝表达自己的失望时，戴维的心率从平均100 次 / 分钟升高到了 121 次 / 分钟。这种心率的突然加速是弥散性生理唤起或情绪淹没的典型表现。换句话说，情绪压力导致戴维的神经系统过载，以至于他难以进行有效的思考和沟通，因此他试图快速结束对话。他试图让坎达丝安心的举动并没有起到作用，因为他直接给出了结论："我认为我们总的来说做得还不错，不是吗？"但实际上，并没有发生让坎达丝觉得不错的事情。

　　结果如何呢？坎达丝似乎没有注意到她的需要被忽略了，戴维看起来又变成了过去的甜蜜爱人。尽管坎达丝依然很悲伤，但她点头了，似乎在说："是的，一切都很好。"不过，她心里真实的想法是"我很伤心"，所以她又试了一次。只是这一次，她没有让戴维再忽略自己的感受，而是主动表达了自己的感受。心率监测器显示，坎达丝此时的心率达到了 154 次 / 分钟，她几乎说不出话来，而且眼里充满泪水。此时，坎达丝不仅心率上升，体内的肾上腺素也很有可能在加速分泌。这影响了她的思考能力，因此她再一次退缩了。

坎达丝和戴维的这种互动方式只会让彼此都感到受伤、沮丧和困惑，因为双方都看不出真正的问题在哪里。

爱情实验室的建议

即使再困难，也要告诉对方你的需要

显然，戴维和坎达丝需要更好地表达各自的需要。尽管坎达丝费了很大的力气试图获得戴维的关注，但当戴维告诉她一切如常时，她退缩了。她这么做或许是因为她非常希望婚姻重回正轨，结果却适得其反。

正如坎达丝之前所说的，她和戴维逐渐对生活不再有太多的浪漫期待，并且相信这有助于他们长期快乐地生活下去。"没有那么多的期待，自然也就不会有失望。"他们或许会这么说。但现在，坎达丝发现自己的策略并没有奏效。这并不奇怪。婚姻研究学者唐纳德·鲍科姆（Donald Baucom）的研究也证实了这一点。**唐纳德发现，对婚姻有更多浪漫和激情期待的夫妻更容易获得自己想要的浪漫激情，并最终拥有更加幸福的婚姻。**

坎达丝习惯性地让戴维从问题中脱身，这并没有让他们的关系变得更好，反而拉远了他们的距离。如果坎达丝希望戴维更加靠近自己，那么她必须确保他听到自己的心声，即使这样做会导致冲突。事实上，回避冲突通常只会让事情变得更糟。

戴维则需要让坎达丝了解他内心真实的想法。设想一下，当投资失败时，如果戴维能对坎达丝敞开心扉，会发生什么？如果戴维对坎达丝直言不讳地说"我感觉糟透了，我需要你的理解、原谅和支持"，又会发生什么呢？此时，他非常

渴望理解，但他没有求助于坎达丝，却转向婚姻关系之外的人寻求支持。正是因为戴维没有向坎达丝表达自己真实的感受，所以他更容易发生外遇。美国已故婚姻研究学者雪莉·格拉斯（Shirley Glass）发现，如果夫妻双方彼此回避深层次的讨论，那么他们的婚姻就容易出现外遇。

戴维和坎达丝说，他们在戴维外遇之后才真正理解了这一切，并真诚地希望改善彼此互动的方式。他们需要更多情感上的亲密互动，但他们彼此已经疏离了23年，如何才能重新真诚地向对方敞开心扉呢？关键在于，双方要相信对方会全然接纳自己且不会评判自己。因为婚姻中的每个人都希望对方能认真地倾听自己且能敞开心扉，这样才能感到安全：对方不会忽略自己的感受，不会评判、批评自己，也不会贸然提出建议。只有在有安全感和信任感的情况下，双方才能自然地表达自己真实的感受。在这种情况下，双方才不会退缩，也不太容易发生情绪淹没的情况。

为了帮助坎达丝和戴维体验这种感觉，我们建议他们再次进行对话。我们指导他们轮流表达自己的情感需要以及他们对这种需要的感受。当一方说话时，对方要做的只是倾听和提问，以便更好地理解。

我们为他们提供了一些指导原则。我们建议坎达丝："坚持表达你的需要，不要退缩。如果戴维仍然不认同你的感受，而且他的回应也没有改变你的感受，那你就告诉他。你不用表现得很不友善，你需要简单地陈述事实，并告诉戴维，你希望他理解你的感受。"

坦陈自己的感受

对于戴维，我们给出的建议是："当轮到你表达时，先考虑你的情绪，并向坎达丝坦诚。你必须像实况转播一样向坎达丝同步表达自己的情绪，因为坎达丝不会读心术。为了帮助她继续下去，你必须带头。"

对他们来说，在婚姻关系中保持了 23 年坚强、稳定和隐忍的状态之后，彼此敞开心扉的确很困难，但他们通过练习是可以做到这一点的。

在双方感到彼此的联结后，再解决问题

我们鼓励戴维和坎达丝接受自己在对话中涌现的强烈情绪，且不要试图过早地下结论，因为过早地下结论只会起到反作用。

另外，我们还建议他们不要在这个阶段解决问题。让他们对话不是为了解决问题，而是为了让他们更加亲密且在情感上产生联结。解决问题并不急于一时。

戴维同意按照我们的建议进行尝试。以下左栏是他们第二次对话的部分摘录。

走进爱情实验室 THE LOVE LAB

对话	评价
戴维：我希望你开诚布公地告诉我你的想法。很多时候，我们只是在交流事实而已。有时候，你刚开始谈你的情绪，你就停下来了，这让我感到很困扰。	+ 温和的开场白 + 关注对方的感受 − 未表达自己的情绪和需要
坎达丝：所以你希望我告诉你我的想法和感受？这是你的需要吗？	+ 澄清
戴维：是的。就像帮你按摩脚一样，如果你直接告诉我"我现在需要你的陪伴"，这样就很好。我需要感到和你有联结，帮你按摩脚让我感受到了。	+ 表达需要，既不抱怨也不防御
坎达丝：你是说，如果我直接说我现在需要你的陪伴会更好？	+ 澄清对方的诉求 + 再次确认对方的真实意图

戴维：可能吧。你虽然嘴上说想要我尽快完成工作，但那并不是你真正想要的。你不希望我为你按摩变成我的责任或习惯。你希望我把你放在第一位，我也想让你成为我生命中的第一位。今天早上，如果你可以诚实地告诉我你需要和我建立情感联结，我想我会表现得有所不同。这么说你同意吗？	+ 表达自己理解对方的感受 + 鼓励对方表达需要，即使时间上并不方便 + 告诉对方，她对自己很重要 + 表达自己愿意接受对方的影响 + 鼓励对方肯定自己，以建立联结
坎达丝：同意。	+ 肯定对方所做的努力
戴维：我打完电话之后，你又说"这不重要，我也不是现在就要你按摩"。我感觉很糟糕，因为直到此时我才意识到，你真正想要的不仅仅是按摩。	+ 谈论对方的感受，表达自己因为无法满足对方的需要而感到抱歉
现在，轮到坎达丝说戴维听了	
坎达丝：我希望你主动告诉我，我在你的生命中排第一位。我希望你主动和我说"我们花点儿时间在一起吧"，而不是每次都由我来安排。我只是希望你对我更加甜蜜和浪漫一点儿。我希望你抚摸我。当我感到压力或悲伤时，或当我想向你澄清一些事时，我希望你可以抚摸我。	+ 澄清对方的需要，表达自己希望对方更主动一些，而不仅仅是回应自己的需要 + 进一步解释何为"甜蜜和浪漫"，强调肢体亲密的需要性
戴维：在这一点上，你认为我做得还不够，是吗？	+ 询问更多信息
坎达丝：这就是我的需要。	+ 坚持表达自己的需要 - 回避冲突，没有告诉对方"对，你做得不够"
戴维：好的，我知道了。	+ 良好的回应

坎达丝：我希望你愿意倾听我，更需要你主动抚摸我。这能让我感到自己被爱着，也能让我感到你在关注我。（眼泪涌了上来）	+ 进一步坦陈自己最强烈的需要和感受 + 用眼泪"强调"对话重点
戴维（贴心地说）：我理解。你希望我能更多地主动陪伴你。	+ 通过重复对方的话表达理解
坎达丝：没错。	+ 肯定对方的理解
戴维：我想，你的需要很常见。但当你说"你为什么自己想不起来？你为什么得等我提醒你？"时，会让我感到有些困扰，因为你认为我应该不自觉地想起这些事情。有没有办法解决这个问题呢？	+ 表达自己的需要 + 主动承担责任 - 想要开始解决问题，有些为时过早
坎达丝：我想，我期待你足够了解我的喜好。我希望你足够了解。（再次哽咽起来）	+ 坚持表达自己的需要 + 表达自己最深层次的需要：希望对方真正理解自己的需要
戴维：我发现你有很大的压力，我会更多地帮你揉肩或按摩。	+ 澄清对方的需要，表达理解 + 表达自己愿意接受对方的影响
坎达丝：当你还没有满足我的需要就转向其他事情时，我感到很困扰。	- 没有肯定对方对自己的理解 + 更深入地表达自己的愤怒和悲伤
戴维：我了解了，但当你产生这种感受的时候，你需要告诉我。也许我们可以想想办法。	+ 告诉对方自己需要提醒 + 表达自己想要找出解决问题的方法

在这次对话中，坎达丝很好地表达了她的需要，戴维也没有在未弄清楚坎达丝的真实需要前寻找解决方案。我们发觉，当坎达丝谈到自己的悲伤和渴望时，

戴维是愿意陪伴她的，这让坎达丝能更加深入地表达自己，并与戴维在情感上建立了更加亲密的联结。在我们看来，只有这样的对话才会让夫妻双方感受到彼此的理解。

在这次对话之后的咨询过程中，坎达丝再次强调，她希望自己不用说，戴维就可以理解她的需要。但问题是，要求对方有读心术，这合理吗？对方应该"自动地"理解自己想要礼物、按摩、赞美或性生活吗？实际上，除非夫妻双方有心电感应，否则一方很难猜中对方当下的想法。读心术真的有可能吗？有人就觉得，开口提出性需要或索要爱情，根本不浪漫。

我们认为，在这种情况下，要鼓励夫妻双方发现困境背后各自的真实渴望。坎达丝和大多数人一样，希望自己处在对方生命中最重要的位置，并希望知道自己不仅仅是对方的家庭责任。这对坎达丝尤其重要，因为戴维在发生外遇时，他显然没有把她排在第一位。

当坎达丝无法让戴维读懂自己的内心时，她会期待他能主动地把她的需要和渴望放在第一位。如果戴维细心观察，他或许会意识到坎达丝的低落情绪，又或许会在白天想起她，然后随时表达对她的感情。戴维可以给坎达丝打个电话，简单地问候一声，也可以给她发个信息，还可以不经意地给她一吻。此外，戴维也可以时不时地问一下："亲爱的，你需要我为你做点儿什么？"如果他主动这么做，而不是等着坎达丝开口，那么他所做的一切将会极大地改善并增进他们的关系。

在第二次对话中，戴维很好地回应了坎达丝的诉求。但这次对话依然缺失了一个环节，那就是讨论戴维的需要。朱莉注意到了这一点，她问戴维："我知道你需要坎达丝告诉你她想要什么，那你呢？你需要坎达丝为你做些什么？你希望她主动抚摸你吗？你希望和她分享你的感受吗？你希望让她知道，当你亏损了5万美元后，你有多难过吗？"

"是的，"戴维小声回答道，"我其实也想过这些问题。在我投资失败之后，我其实特别想和她谈一谈，但我却有了外遇。"

"当轮到你说的时候，你告诉坎达丝希望她允许你成为一个更好的倾听者，但你最直接的需要究竟是什么？"约翰问道。

"我并没有想那么多。"戴维答道。

这并不令人惊讶。因为长久以来，社会并不鼓励男性直面自己的情绪，而是关注于他们解决问题和取得的人生成就上。戴维也是如此。所以，当坎达丝提到他们婚姻关系中存在的问题时，他会很快地分析问题，然后寻求解决方案。而在第二次对话中，戴维成功地抑制了这种倾向。但当我们要求他对坎达丝表达自己的情感需要时，他又开始手足无措了。

戴维意识到了自己和坎达丝关系中存在一些"压力"，但这种负面的感觉非常模糊，他无法用言语表达出来。

"或许，我需要说出我的想法。"戴维说道。

"这是个非常好的开始，"朱莉回应道，"把你的想法大声说出来，而不要埋在心里。你的情绪会自然地表露出来。"

朱莉还建议戴维多关注随之产生的生理反应："你会感到喉咙发紧吗？胸闷吗？胃痛吗？这些生理感受会不会是悲伤、愤怒或恐惧的信号？一旦你感到身体上的变化，就要告诉坎达丝，比如对她说'当我们谈论这个问题的时候，我感到喉咙发紧'。"

这些话虽然非常简单，却为戴维的情感打开了一扇窗，坎达丝也借此得知了他的需要，因此她可以有所回应。坎达丝偶尔可以试着问一问戴维："你在想什么？你感觉怎么样？你现在需要我为你做些什么？"他们在一起 23 年了，对他们来说，要找到新方法以便彼此更加亲近是很困难的，不过，他们做出的这些改变真的很有用。

在离开爱情实验室时，坎达丝和戴维知道他们需要为修复双方的关系付出很多努力。显然，通过彼此分享情感和承诺，他们的婚姻更加牢固了。我们相信他们会成功的。

一年以后

一年以后，坎达丝和戴维都表示，他们在表达自我的需要上取得了很大的进步。戴维更加擅长倾听了，也很少会用不切实际的保证来打断坎达丝的倾诉。

"我们不再仅仅试图遮掩问题，而是真正地倾听彼此。"戴维说道。

同时，坎达丝变得不那么容易情绪激动了，且在对话时也不太容易退缩了。

坎达丝希望戴维能更浪漫一点儿，她希望从戴维那里得到更多的激情。戴维则表示自己会尽力满足坎达丝的需要。总的来说，他们觉得彼此没有那么孤独了，且感到彼此有了更多的联结。

回避冲突会造成哪些危机

在长达 23 年的婚姻中，戴维和坎达丝一直采取的是回避冲突的相处模式。在这种相处模式中，双方会回避冲突，并搁置消极情绪。如果双方发现彼此对某件事的态度存在冲突，他们会选择回避冲突，各自保留不同意见，而不会进行探讨。

曾经有很长的一段时间，专业人士认为，夫妻双方回避冲突只会给婚姻关系带来更多的问题。他们还认为，除非夫妻双方致力于解决冲突并公开地表达不满，否则婚姻关系就会不稳固。但我们在 20 世纪 80 年代得出的研究结果否定了这些观点。我们的研究显示，如果夫妻双方都接受搁置争议，那么回避冲突和直面问题都不会影响婚姻的稳固。回避冲突的夫妻可以相安无事很多年。因为有些问题会自然而然地消失，有些问题则会永远存在，他们依然可以拥有幸福的婚姻。他们会拥抱生活中积极的一面，接受无法改变的，在婚姻中找到爱和价值。他们会遇到冲突，而且某些问题他们始终无法解决，但他们对彼此的爱却不会变。

然而，这样的互动模式也存在一些问题。一方面，夫妻双方无法更好地了解彼此，他们对自己的不满和需要倾向于保持沉默；另一方面，有些人会产生一种不为对方所知的"内心生活"，如果他们遇到可以与之分享内心秘密的人，他们很容易发生外遇。

此外，当遇到重大危机时，如重病、家人死亡、失业或经济问题，夫妻双方回避冲突则会带来更大的风险。当生活发生重大改变时，夫妻双方需要找到出口来谈论自己的悲伤或愤怒，并获得安抚。如果夫妻双方长期以来习惯于回避冲突，那么他们就缺乏这样的出口。因此，重大危机会使他们更加远离彼此。他们虽然同在一个屋檐下，却渐行渐远，甚至再也无法进行有意义的互动。他们开始感到非常孤独，有些人甚至会寻求婚姻以外的亲密关系。

这就是坎达丝和戴维遭遇的问题。他们通过这种回避冲突的方式共同生活了近 20 年，直到危机出现。由于戴维并不习惯于和坎达丝一起讨论问题，他自然会转向其他人寻求理解。这样做让戴维既感到有些内疚，又有些神秘，后来他越了界，发生了外遇。

我们建议，夫妻双方应该分享彼此的愤怒、悲伤和恐惧，而不要压抑它们。即使向彼此吐露心声、表达自己的需要会引发冲突，我们也建议夫妻双方这么做，因为他们需要直面并管理冲突。

我们知道这很难做到。像戴维这样的人很难认清自己的感受，所以情绪表达对他们来说非常困难。

有些人可能不确定对方会对消极情绪表达和强烈需要表达有什么反应，有些人担心消极情绪会导致双方冲突升级，从而危及婚姻。那么，该如何处理此类问题呢？

对于在婚姻中面对冲突有困难的人，以下建议会有所帮助：

- 注重关系的长期健康。学会表达自己的感受和需要，开诚布公地讨论冲突议题会让彼此更加亲近，也会帮助对方度过艰难时刻。如果在日常生活中时常实践这一点，当真正的危机来临时，夫妻双方会无所畏惧；
- 利用社会学家阿纳托尔·拉波波特（Anatol Rappaport）发明的调解练习来讨论冲突，该练习详见后面章节的相关内容；
- 如果冲突升级，可以向专业咨询师求助；
- 通过解决冲突的过程重新确认彼此关系的强度。彼此可以询问以下问题：
  我们重视彼此关系中的哪种价值？
  处理彼此差异的好方法有哪些？
  哪些夫妻成功地解决了婚姻冲突？我们可以从他们身上学到什么？
- 保持对幸福婚姻的期待。如果双方都希望从婚姻关系中获得充实和满足，双方必须朝着该目标共同努力。

容易有外遇的婚姻

在戴维有外遇之前，他和坎达丝都认为他们的婚姻很幸福，这很正常。虽然有研究显示，对婚姻不满的人更容易发生外遇，但这并不意味着幸福的夫妻不会有外遇。还有研究显示，具有某些特征的人更容易对婚姻不忠，原因是多方面的，比如个人的成长环境，有的人的原生家庭所持的观念就是有外遇是正常的。喜欢刺激和冒险的人也容易有外遇。此外，社会环境对人的婚姻观也有影响。例如，如果一个人身边的同事或朋友都觉得外遇不是问题，那么他也不太可能对伴侣保持忠诚。还有一点，婚姻质量也是影响夫妻关系的一个重要因素。如果一个人在婚姻中觉得自己和对方在情感上无法产生联结，那么他很可能会从婚姻之外的人身上寻找亲密感。

在《不只是朋友》（Not Just Friends）一书中，雪莉·格拉斯提到，许多幸福的夫妻会不知不觉地将他们的婚姻关系推入外遇的危险之中，比如，一方和同事稍有些越界，彼此分享一些情绪上的感受等。此时，能保护婚姻的就是当事人对边界感产生警觉。

"要判断婚姻关系之外的友谊是否会对婚姻产生威胁，方法是要找到婚姻关系的边界，搞清楚婚姻的'围墙'和'窗户'在哪里。"格拉斯写道，"在一段彼此忠诚的婚姻中，夫妻双方会筑起高墙，抵御外部的各种破坏力量。他们彼此坦诚，并通过同一扇'窗户'看外面的世界。他们彼此是一个整体，共同面对孩子、家人和朋友。外遇则会逐渐腐蚀他们精心构筑的安全系统，使他们的亲密关系破裂。双方不再是一体的，开始分道扬镳，渐行渐远。"

格拉斯曾说，如果一段婚姻中存在具有威胁性的婚外关系，那么维持婚姻的"围墙"和"窗户"的稳定和牢固尤其重要。"当朋友比伴侣更了解你的婚姻关系时，说明这段关系已经有问题了。"她在书中写道。

格拉斯的研究不仅揭示了发生外遇的常见原因，也为修复婚姻关系以及避免外遇提供了解决思路。

根据格拉斯的观点，像戴维和坎达丝这种"回避冲突型"夫妻或许更容易发生外遇。原因在于，在这类家庭中，当新的问题出现以后，如孩子出生或一方工作压力激增，一方为了"保持家庭的宁静"，难以向对方表达自己的负面感受或难以坦陈自己的需要。这会导致双方缺乏沟通，继而使彼此都感到孤独。同时，难以表达自己需要的一方可能会偶然与婚姻之外的人产生亲密或令人愉快的对话，他们会本能地觉得自己需要向伴侣袒露自己的感受。例如，他们可能会说："我今天和同事克里斯聊得非常深入。这让我发觉，我们很久没有深入交流了，我感到很担心。"而这可能会引发双方产生激烈的冲突，回避冲突型夫妻显然不愿意面对这种情况。所以为了避免这种冲突，难以表达自己需要的一方可能压根儿就不会和对方分享这类问题，随后，他们开始在心里隐藏秘密。

这正是戴维和坎达丝遇到的问题。当戴维向那位女同事吐露心声时，一方面，他在自己和坎达丝之间建了一堵墙；另一方面，他在自己和女同事之间打开了一扇窗。他的那位女同事比坎达丝更加了解他的婚姻状况，而坎达丝对他与女同事的关系毫不知情。这显然为戴维发生外遇创造了条件。

当自己与女同事的关系被坎达丝发现后，戴维才意识到，自己并不想失去婚姻。所以，他完全遵照格拉斯的建议，彻底终止了与女同事的关系，且从此与其再无往来。现在，戴维和坎达丝重修旧好，再次回到婚姻的殿堂中。

然而，这并不能完全修复戴维和坎达丝的婚姻缺口。在格拉斯看来，在婚姻中，一方的外遇带来的背叛和欺骗通常会使遭到背叛的一方产生创伤后应激反应，而要想帮助其治愈创伤，双方需要充分地沟通。发生外遇的一方需要耐心地回答对方的所有问题，并解释外遇是如何开始、如何持续的，以及外遇对婚姻造成的影响。虽然这样的对话难以实现，但在格拉斯看来，这对遭到背叛的一方应对创伤并重建信任很有帮助。

对戴维和坎达丝而言，彼此谈论外遇这件事是非常痛苦的，但这会让他们在情感上更加亲密，他们可以因此共同检讨影响婚姻的外部问题。

此外，在应对外遇方面，咨询婚姻咨询师也会有所帮助。不少研究都显示，婚姻咨询可以帮助夫妻修复婚姻关系。戴维·阿特金斯（David Atkins）和安德鲁·克里斯滕森（Andrew Christensen）发现，相比遇到其他问题的夫妻，虽然遭遇外遇的夫妻在开始咨询时的情绪状态更差，但经过婚姻咨询师 6 个月的治疗，他们比其他夫妻更容易取得进展。

我们的研究发现，夫妻双方共同进行婚姻咨询会为遭到背叛的一方提供表达痛苦的安全环境。同时，婚姻咨询师可以引导夫妻双方在表达过程中避免愤怒。此外，婚姻咨询师还可以帮助夫妻远离危害婚姻关系的 4 种情绪——批评、防御、蔑视和冷战，即"末日四骑士"。

通过聚焦彼此的沟通，夫妻双方可以重建情感联结与爱意。婚姻咨询师会鼓励夫妻双方说出各自为什么想要维持婚姻，为什么彼此仍然有爱。双方可以用更坦诚的方式表达情绪，这会消除造成外遇的原因之一——情感疏离。

尽管有研究显示，回避冲突型婚姻很稳固，但夫妻双方回避冲突也会引发情感疏离，进而引发外遇的风险。

◇◇ **测试 1   你会回避冲突还是讨论冲突** ◇◇

以下测试可以判断夫妻双方是倾向于回避冲突还是讨论冲突。

描述	一方 是 否	对方 是 否
1. 我时常隐藏自己的情感，避免伤害对方或给对方造成麻烦		
2. 当我们彼此产生异议时，分析动机或情感没有多大意义		
3. 时间会消除大部分冲突		
4. 当我愤怒时，我更希望一个人待着，直到情绪消失		
5. 当彼此意见不一时，从心理层面弄清楚发生了什么没有多大意义		
6. 我认为表达强烈的愤怒、悲伤或恐惧等情绪很不合适		
7. 我会接受婚姻中自己无法改变的事情		
8. 我们学会了避免讨论引起争议的问题		
9. 讨论争议只会让事情变得更糟糕		
10. 对于生活中的某些问题，我并不想和对方讨论		
11. 说服对方用我的方式看待问题，意义并不大		

12. 积极的思维方式可以解决婚姻中的许多问题

13. 愤怒不利于解决任何问题

14. 我倾向于自我消化消极情绪

15. 在婚姻中，夫妻之间的界线非常清晰

16. 基本的宗教观念或文化价值有助于解决冲突

17. 我很难表达愤怒、悲伤或恐惧等情绪

18. 表达消极情绪非常自私，这只会让对方的情绪更加低落

19. 表达愤怒、悲伤或恐惧等情绪只会让人显得脆弱，没有实际用途

20. 消化消极情绪的最佳方法是忽视它们，直到它们消失

21. 我们很少产生异议

解读：如果你有超过 8 个选项均为"是"，说明你可能倾向于回避冲突。

如果夫妻双方都倾向于回避冲突，那就需要在保持情感亲密方面更加努力，以防止外遇的发生。

另外，夫妻双方还要意识到婚姻关系中仍然会出现无法回避的冲突。当遇到这种情况时，以下练习有助于夫妻双方避免争吵。

像很多夫妻一样，戴维和坎达丝在感到愤怒时也会体会到情绪淹没：他们的身体会释放应激激素，呼吸和心跳也会加速。这种反应源于人类在进化过程中演化出来的"或战或逃"模式，它可以帮助人们应对紧急状况。

尽管情绪淹没是人们对压力的一种自然反应，但它对解决婚姻问题毫无帮助。事实上，研究显示，压力导致的情绪淹没和婚姻问题与离婚有关，婚姻破裂的男性

的心率比处于稳定婚姻关系中的男性高 17 次 / 分钟。

情绪淹没会使夫妻双方很难有效地思考、倾听和沟通，也会使一方忽略对方的幽默或为和解所做的努力。此外，情绪淹没还会妨碍夫妻双方产生同理心或创造性地解决问题的能力，双方会因此感觉失控。

为了避免此类问题的发生，许多夫妻会尽量避免讨论压力事件，比如他们不会讨论双方关系中出现的冲突或消极情绪。但这么做反而会导致双方产生情感疏离和孤独感，对双方关系也有害。

● **练习 1　冷静下来，避免情绪淹没**

一种应对方法是，当一方感到愤怒时，双方共同遵循一种暂停的仪式。这种仪式有助于双方冷静下来，并且更有创造性地应对冲突，而非回避冲突。以下是一些小技巧：

1. 当下次发生冲突时，注意自己的生理感受。如下颌、前额、颈部、肩膀或身体其他部位是否会紧张，呼吸是否变快以及变得更浅、更急促了，是否无法集中注意力在对方说的话上，心跳是否比平常快[1]，这些都是情绪淹没的信号。

2. 当出现情绪淹没时，最好休息一会儿。不要抱怨，也不要评判。这是积极解决问题的重要一环。久而久之，双方会就某个简单的信号或某个词语达成一致意见："我们需要暂停一下。"

3. 双方共同设定一个特殊的时间段，用于讨论导致压力的问题。这个时间段应当不少于 20 分钟，因为 20 分钟是神经系统从应激激素中"复原"的最短时间。双方达成共识，休息一段时间再开启对话。不要永久

---

[1] 通常来说，心率高于 100 次 / 分钟时，人就无法理解信息和进行有效沟通。运动员的心率则最高不宜超过 80 次 / 分钟。

地拖延对话，否则会给双方带来更大的压力。

4. 在休息期间，做些有助于舒缓情绪的事情。例如，出去散散步，洗个热水澡，或者打扫卫生等。下面这种自我舒缓的方式也会有所帮助：

- 把注意力集中在呼吸上；深呼吸几次，呼吸要均匀、深长；吸气时，腹部扩张；呼气时，腹部收缩；
- 感受全身，找出肌肉紧张的部位；集中注意力，收缩该部位的肌肉，保持一会儿，然后放松；
- 想象放松过后的肌肉变得很沉重；
- 想象这些肌肉开始变得温暖起来；
- 当身体完全放松下来以后，想象一个令自己感到平静的画面。

5. 休息时，不要思考关于对方的任何问题。例如，不要在脑海中不断自我重复"我不需要从他那里得到这一切"或"他为什么要这样对我？"等句子，否则只会让压力水平激增，不利于人平静下来。

6. 一旦感到内心更加平静后，返回去和对方继续对话，但要带着尊重、关切的态度。

对某些人来说，谈论自己的情绪并不是一件容易的事，比如很多人的成长环境迫使他们习惯性地压抑情绪。而且，即使他们愿意告诉对方自己的情绪，也很难找到合适的表达方式。

练习2　准确识别你的情绪

我们建议夫妻开始关注自己的情绪导致的生理反应。下一次和对方发生争执时，或当对方表达悲伤时，可以问问自己以下问题：

- 我此刻的生理感受怎么样？

● 我的下颌、喉咙、颈部、胸部或身体其他部位是否感到紧张或不适？

● 这种感觉与某些情绪有关吗，如愤怒、悲伤或恐惧？

● 我可以把此刻的感受告诉对方吗？

对于以上问题，可以简单地回答，如"我现在感觉很愤怒"。

如果不确定自己现在的感受怎么样，可以试着说"我不确定我现在的感受怎么样，但我此刻感觉胸口很闷"等。

我们在工作坊中发现，有些人喜欢把自己平常的感受写下来，当产生强烈情绪时，再逐一对照。通过这种方式，他们可以找到合适的词或短语来表达情绪，无论它们带有消极意味还是带有积极意味。

以下是一系列描述感受的词或短语。

带有消极意味的词或短语	带有积极意味的词或短语
悲伤	快乐
执拗	备受鼓舞
不满	温暖
焦虑	充满爱意
紧张	放松
疲惫	性感
无聊	平静
消沉	心有灵犀
羞愧	好奇
内疚	兴奋

歉意	强大
愤怒	感觉良好
受够了	喜爱
苦涩	被关注
坐立不安	专注
被困住了	充满能量
困惑	自信
沮丧	愉悦
恐惧	镇定
恶心	喜悦
迷惑	满足
困扰	感到被爱

戴维和坎达丝承认，随着年纪渐长，他们试图把自己对婚姻的期待调整得更加"现实"。这或许是个错误。

有研究显示，对婚姻保持更高期待的夫妻，其婚姻质量通常更高。

对婚姻保持更高期待的一个方法是，定期评估事情的进展状况，这样能防微杜渐。

《幸福的婚姻》一书曾引用了以下问卷，该问卷主要用于帮助夫妻评估婚姻的走向。我们将该问卷称作"婚姻傻瓜探测器"，它可以帮助夫妻在第一时间察觉出彼此的问题所在。

◆◇ 测试 2　婚姻傻瓜探测器　◇◆

建议夫妻双方时常回顾以下问卷，并在自己认为符合的选项下打钩。

描述	一方 是　否	对方 是　否
1. 我最近很易怒		
2. 我最近感到在情感上和对方很疏远		
3. 我们之间的关系很紧张		
4. 我感到自己想去其他地方		
5. 我感到很孤独		
6. 对方无法在情感上回应我		
7. 我感到很愤怒		
8. 我们彼此很久没有亲密接触了		
9. 对方不知道我在想什么		
10. 我们都有很大的压力		
11. 我希望我们能更加亲密		
12. 我一直希望自己独处		
13. 对方很易怒		
14. 对方和我在情感上很疏远		
15. 对方的注意力似乎在别处		
16. 我无法在情感上回应对方		
17. 对方很愤怒		
18. 我完全不知道对方在想什么		

19. 对方希望自己独处

20. 我们需要好好谈一谈

21. 我们一直以来都无法很好地沟通

22. 我们现在比以前争吵得更频繁了

23. 最近，我们之间的小问题常常会升级

24. 我们一直在伤害彼此的感情

25. 我们的生活中很久没有出现令人高兴的事情了

解读：如果有 4 个以上的选项为"是"，那么双方需要在未来 3 天内讨论相应的问题。

03

我们不再亲密

长时间的亲密对话有助于培养亲密感，
对话不应该是如何解决问题，
而是讨论彼此最深层的感受和情绪。

迈克和玛丽亚来到爱情实验室时已经精疲力竭。这对来自南加利福尼亚州的夫妻在过去的两年里经历了许多人生压力。迈克 43 岁，玛丽亚 39 岁，他们的女儿特丝刚满 18 个月。在特丝出生的 6 个月前，玛丽亚的姐姐因为重病去世了，随后，迈克被诊断出患有心脏病并进行了手术。现在，玛丽亚刚刚入职一家金融服务机构，新工作让她焦头烂额。迈克通过朋友融资开了家餐馆，正面临盈利压力。

通过询问，我们发现，迈克和玛丽亚过得非常辛苦，缺少生活乐趣。他们的健康状况欠佳，最近两人都胖了 20 多公斤。而体重增加导致两人都出现了严重的打鼾问题，所以他们已经分房睡了。他们都感到疲惫，且彼此对对方毫无性兴趣。事实上，他们已经有好几个月没有过性生活了。

问题

- 迈克和玛丽亚都在应对悲伤、压力和疲劳；
- 他们习惯于采取危机驱动式解决方法，这掩盖了双方各自的情感；
- 他们缺乏深入的沟通，在情感上不够亲密；
- 过度工作、过度进食以及缺乏锻炼和娱乐导致他们体重增加、精力下降、性欲减退和缺乏浪漫。

解决方案

- 为人生事项重新排列优先级，做出重大的人生改变；
- 花时间放松、锻炼、享受浪漫；
- 深入地谈论各自的感受；
- 在解决问题之前，先确保双方在情感上有联结。

不过，他们的关系并不总是这样。当我们问起他们在 10 多年前相遇的情形时，他们很快变得兴致勃勃起来。玛丽亚的脸上开始洋溢出喜悦之情，似乎回忆起了很多快乐时光。

玛丽亚说："我们俩是在那年 7 月一个美好的周五晚上相识的，那天是一场为期 3 天的音乐节的第一天，场景、天气、音乐，一切都完美。"玛丽亚和一位女性朋友一起去了音乐节现场，到了以后，她发现迈克和一群乐迷簇拥在一起。玛丽亚和她的女性朋友突然开始"犯傻"，玩起了猜拳游戏，以决定谁上前和迈克搭讪。玛丽亚回忆道："我们两个都觉得迈克很可爱，而且他的腿很长。然后，他突然转过头来，接着朝我们走了过来。我当时认为这简直是上帝的安排！"

玛丽亚并不知道的是，迈克当时和他的一位朋友有约，而他的这位朋友恰巧就站在玛丽亚身后。而且，她也不知道迈克当时还处在一段糟糕的婚姻中。所以，迈克一开始对玛丽亚保持了一定的距离。但在 7 个月之后，迈克正式离婚了，随后，他通过与玛丽亚的一位共同好友联系上了她。

"我们第一次打电话足足打了 3 小时。"玛丽亚回忆道。

"我们准备在那一周的晚些时候约着吃饭，却决定不了去哪儿。"迈克补充道。

"所以他一连 3 天每天晚上都给我打电话，每次我们都会聊几小时。"玛丽亚说道，"我们之间有太多话题了，甚至完全忘了要定一家餐馆。"

"最后，我们在玛丽亚家吃的晚饭，"迈克笑起来，"聊得很愉快，吃得很尽兴。"

"性爱很愉悦。"玛丽亚叹气道，"我们的性生活一直都很不错。我们都很朴实，也非常敏感，这也是我们一开始就被彼此吸引的地方，而且也是我们现在非常怀念的地方。"

那么，他们怎样才能重拾过去的状态呢？我们认为，他们首先要做的是，承认压力给他们带来的累积效应，无论好坏。他们刚有了孩子，开始了新工作，迈克也刚从心脏手术中恢复过来；同时，玛丽亚的姐姐去世了，他们都沉浸在巨大的痛苦中。以上每种情况都会给他们的婚姻造成巨大的阻碍。而当所有情况同时出现时，对玛丽亚和迈克的婚姻产生的影响就可能是毁灭性的。

在这次对话以后，迈克和玛丽亚的关注重点立刻转向了他们的健康状况。他们发现，他们在过去的两年里忙忙碌碌，几乎没有运动过，也疏于照顾自己。迈克解释道："健康问题也与其他问题有关。如果我们更加健康，更有活力，对性生活就会更满意。"

玛丽亚完全同意迈克的说法。但因为他们目前把所有的精力都放在了工作和女儿身上，完全没有时间运动或娱乐。

"我们曾经讨论过如何照顾自己，也制订过许多计划，但从来没有坚持下去。"玛丽亚说道。

由于这个议题非常重要，我们建议他们再深入地讨论一次，以便看到更多的问题。以下左栏是他们这次对话的部分摘录。

走进 THE LOVE LAB 爱情实验室

对话	评价
玛丽亚：真正的问题是我们的健康。我想，如果我们多花些时间在健康上……	+ 从双方的共同视角讨论问题
迈克：那样的话，很多问题都会顺利地得到解决。	+ 肯定对方
玛丽亚：是的。比如我们的精力，我们对彼此的吸引力。当我们共同努力完成某件事以后，我们不仅完成了一件事，还能从中感受到喜悦。	+ 提出双方协作，并给出让双方感到在情感上有联结的方案

迈克：也许这才是问题的关键。每次减肥的时候，我都试图自己搞定。但问题是，这就像一个人准备戒烟，而家里另一个人却在吸烟。	+ 接受方案 − 在谈论感受之前就开始寻找解决方案（这很关键），为时过早
玛丽亚：我知道。我们并不是故意影响对方的，但这很难避免。	+ 接受自己为问题负责 + 没有责备对方
迈克：无论有意无意，的确如此。	+ 没有责备对方
玛丽亚：控制饮食和健康饮食很难，但对我来说，更难的是养成规律的运动习惯。我们怎样才能做到呢？我在健身房办了会员卡，但我怎样才能挤出时间来健身呢？一旦我养成这个习惯，我相信我可以做到。但我要克服巨大的阻力才能做到。	− 继续讨论解决方案，为时过早 − 没有在一开始分享自己的感受
迈克：我也是。我们的想法太多，却从来没有落实过。	+ 表达肯定 − 开始表达自己真正的失望
玛丽亚：我知道。这就是我想要寻求帮助的地方。我们如何才能少说要做什么，从而真正地为自己负责呢？	+ 承认自己的感受 + 表达协作的需要，没有批评 − 试图继续解决问题
迈克：是的。或许我们可以早上一起起床，至少每隔一天开始运动。	+ 表达肯定 − 不再讨论自己的感受，开始关注解决问题
玛丽亚：早上吗？我比你上班要早，早上 5 点起来运动在理论上有可能，但实际上会很困难。	+ 澄清 − 开始表现出拒绝 − 抵制解决方案
迈克：对我来说，最理想的运动时间是早上，因为我晚上 7 点以后才能到家。	− 再次尝试解决问题

玛丽亚：如果晚上 7 点以后再去健身房，你就会拖到很晚才能上床睡觉。	- 实际上在拒绝解决方案，并表达了自己的无助
迈克：确实如此。如果我们一起运动，特丝就会晚睡，你也是，这不行。要不我们一起早起吃早饭？然后你可以去上班，我去健身房，我可以把特丝放在健身房的托管中心。	- 试着提出创造性解决方案，但重点仍然落在了解决问题上；此时解决问题并没有用
玛丽亚：下午我再把特丝带去托管中心？我不喜欢这样。	- 依然在抗拒
迈克：那怎么办？要不我们不用每天如此，可以隔一天这样？	+ 开始表达自己的沮丧 - 立即又回到了问题解决上
双方沉默。他们看上去都很疲惫、烦躁、心不在焉	- 双方都没有情绪，也没有情感联结
迈克：天哪！我不知道怎么办，但我明白你的意思。我们需要花时间陪伴特丝，而且必须是高质量的陪伴。如果我们每天到家后都很疲惫，那我们就没有办法做到这一点。	+ 由于找不到解决方案而表达出自己的沮丧 + 表达和对方相同的意愿

压力造成的情感疏离

在我们看来，迈克和玛丽亚的对话很不错。在面对令人沮丧的情况时，很少有夫妻会像迈克和玛丽亚一样尊重和接纳彼此。许多夫妻会埋怨、挑剔和防御彼此，但迈克和玛丽亚却习惯于倾听彼此，并且能以尊重彼此的方式相互回应。正因如此，他们更加团结一致，他们的感情非常坚固。

　　不过，他们的这次对话仍然揭示出一些问题。约翰说："迈克和玛丽亚在谈话时，并没有情绪交流，我感觉他们俩是没有情绪的人。"

　　我们注意到，他们在还没有讨论彼此感受时就开始尝试解决问题。迈克在这一点上表现得尤为明显，他恨不得立即开始进行头脑风暴，试图找到解决方案。但每当他提出一个新点子，玛丽亚就开始解释他的点子行不通。玛丽亚并不是在刻意反驳他，她只是在实事求是。他们俩看上去都很疲惫。在这种情况下，他们很难找到完美的解决方案。最终，他们只能陷入沉默，因为此时他们已经无力解决问题了。

　　"沉默是揭示当下困境的一个非常好的方式"，约翰告诉他们，"你们发现自己找不出时间去运动，因为如果你们想要运动，就必须牺牲工作或陪伴女儿的时间，而这两件事是你们最在意的。难怪你们感觉被'卡住'了。"

　　那么怎样解决这个问题呢？恐怕只有迈克和玛丽亚知道。但我们了解到，他们找到了看待问题的新视角，这源于他们之间最深层次的情感联结和相互交流。他们必须向彼此坦陈目前遇到的困难。

　　我们请他们重新思考了过去两年内，他们的生活发生的重大变化：特丝的出生、玛丽亚姐姐的离世、迈克的心脏病、玛丽亚的新工作以及迈克新开了餐馆等。

　　此外，我们也深入了解了他们的家族史。玛丽亚的父母有 5 个孩子，婚姻一团糟。玛丽亚觉得自己是个非常有能力的孩子，随时关注并满足兄弟姐妹的需要。她天生很聪明，但这也有代价。"我的父亲一直告诉我，'得到越多，期待越大'。"这种压力使玛丽亚无论在学业上还是在工作上，都要求自己做到最好。但现在看来，这给她造成了很多负担。

　　朱莉对玛丽亚说道："当时你只是个孩子，却不得不扮演顾全家庭的超级英雄。而现在，当你试图认真演好这个角色时，你并没有给自己留出表达需要的空间，也没有学会如何照顾自己。"

迈克则正在承受巨大的压力：朋友投资了他的餐馆，他必须保证不能有任何闪失。

迈克和玛丽亚深爱彼此，但双方都面临巨大的人生压力。不过，他们并没有讨论彼此的情绪，如悲伤、恐惧、焦虑和沮丧，而是试图通过冷静和坚忍的方式找到解决问题的方案，好像他们并没有太大的压力一样。

结果如何呢？他们之间失去了情感联结，彼此不再亲密，且没有了激情。在照料孩子和支持家庭方面，他们是完美的队友，但不再是爱人了。

我们相信迈克和玛丽亚有能力进行情感联结，因为他们对初识时的浪漫激情记忆犹新。那时候，他们会煲电话粥，彼此会深入地交流，而且他们的性生活也非常完美。但因为这些年来，双方都承受了巨大的生活压力，他们逐渐忽视了情感交流，更关注于解决日复一日遇到的问题，并觉得自己没有时间也不需要和对方进行深层次的对话。

此外，这种压力对他们的健康也产生了不良影响。他们过度工作、放纵饮食、缺乏运动，使体重激增。这对他们的婚姻造成了巨大的影响。而且，由于迈克有心脏病史，这也给他的生命造成了威胁。

爱情实验室的建议

约翰告诉迈克和玛丽亚："你们要把这一切看作敲醒你们的警钟。你们正遭遇婚姻危机，因此必须共同直面这种危机。现在，你们需要做出重大的改变。如果你们不这么做，情况只会更糟。"

目前，迈克和玛丽亚最需要做的是，彼此建立规律的情感联结。为了做到这一点，他们必须扫清一切障碍。他们必须重新规划生活，并留出时间休息、放松、保持健康、经营浪漫关系及享受性生活，且要立即行动起来。

为了帮助他们达成这些目标，我们向他们提供了一系列生活方式上的建议：

- 在工作和生活之间划出清晰的界线，减少工作量，花时间享受生活；
- 每周留出两小时去约会，且没有女儿或其他人的干扰；
- 每个季度进行一次浪漫的短途旅行，把女儿留给保姆或家人照顾；
- 健康饮食；
- 有规律地运动；
- 找医生解决打鼾问题，改善睡眠。

他们看上去太疲惫了，所以我们建议他们尽快一起去度个假。

约翰对他们说："你们都太过于投入工作了，这使你们完全透支了，再这样下去，你们是找不到解决方案的。"

对于以上建议，迈克和玛丽亚都表示很认可。玛丽亚说："没问题，我会请假去散散心。"

与此同时，他们还必须安排长时间的亲密对话。为了帮助迈克和玛丽亚练习，我们建议他们再次讨论彼此的健康问题，但这一次，他们不用关注如何解决问题，他们有的是机会讨论什么时候去健身房。这一次对话，更重要的是双方讨论彼此最深层次的感受和情绪。

起初，玛丽亚认为这会很难："我非常害怕，感觉自己正在打开潘多拉魔盒一样，这根本不是放松。"

朱莉认可玛丽亚的恐惧："你的情绪就像波浪一样，总有退潮的一天。它们会以最自然的方式平复下去，你不用害怕。"

约翰补充道："如果压抑情绪，你可能会抑郁，也可能会暴躁，这是要付出代价的。"

"对我来说，代价就是放纵饮食。"玛丽亚回应道。

约翰觉得迈克很难表达自己的情感需要："目前，玛丽亚正在支撑着整个家庭，你的新餐馆有可能会失败。所以你会想，'在这种情况下，我怎么能表达自己的需要呢'？"

迈克承认了这一点："你说得一点儿都没错。而且，我们之间的收入有很大的差距。"

约翰接着说："我们只是建议你不要再隐藏自己的情绪。你必须弄清楚你最真实的需要和感受，这是你和玛丽亚在情感上产生联结的唯一方式。一直闪躲只会让你在情感上与玛丽亚更加疏远，这会毁掉你们一切的浪漫、激情以及你们的性生活。你必须表现出脆弱的一面，表达出你的需要。"

后来，迈克和玛丽亚决定开始第二次对话。他们是从体重如何影响健康开始的，以下左栏是这次对话的部分摘录。

走进 爱情实验室 THE LOVE LAB

对话	评价
迈克：看镜子里的自己让我感到很痛苦。	+ 很好地表达了自己的感受
玛丽亚：我知道。就像在看科幻片一样。	+ 表达肯定 + 幽默
迈克：而且这片子的演员也很糟糕。	+ 幽默
玛丽亚（笑起来）：我知道。我觉得我们彻底失败了，看上去很糟糕。我常常觉得问题太多了，简直无从下手。（再次笑起来）	+ 很好地表达了自己的感受 + 幽默
迈克（叹气）：没错。	+ 再次表达自己的感受，或许还包含悲伤（不是通过言语表达的）

玛丽亚：我感到很无助。对于减肥，我已经尝试过无数次了。	+ 表达共情，用言语表达情绪
迈克：我真的很烦，我已经戒烟了，这说明我是有这个意志力的，但我现在居然复吸了。这太荒谬了。	+ 表达更多的感受：糟糕、沮丧、愤怒
玛丽亚：所以你对自己感到愤怒和厌恶。	+ 总结对方的感受，让对方知道自己在倾听
迈克：我只是很生自己的气。我不该放纵自己变成今天这样。我没有借口。你知道吗，没有任何人比我更了解这样的体形意味着什么！	+ 表达出更多的感受 + 为问题承担责任
玛丽亚：我知道。这很可怕。我也试图告诉自己，一切没问题，他已经完全康复了，他不会死的。（开始哭泣）	+ 肯定对方的表达 + 放开自己的情绪，展示自己的恐惧，加深彼此的亲密感
迈克：说实话，我也不确定。我的感觉完全相反。我感到我的时间不多了，我不会一直在你们身边。你知道吗，无论我减不减肥，可能都是这个结果。这让我感到很害怕。	+ 和对方一起放开情绪，告诉对方自己的恐惧，找出彼此的共同点
玛丽亚：是的。我为我们的未来感到担忧，我也为特丝感到担忧。	+ 和对方一起放开情绪
迈克：我也感到担忧。我也为你感到担忧。我无法想象你亲眼看着我经历死亡。	+ 继续分享自己的情绪 + 告诉对方自己很爱她
（他们开始讨论玛丽亚和他们的朋友在迈克生病期间是如何支持他的）	
迈克：我很担心你的健康、你的体重。特丝不能失去你。	+ 持续分享自己的感受 + 纠正自己之前的话，更多地表达自己的爱

玛丽亚：如果不好好照顾自己，我们会早死的。抛开这一层面的担忧，如果不认真对待身体健康，我们的生活质量也会大大下降。	+ 持续地分享自己的情绪，拓展话题 – 有些卖弄聪明，或许她认为需要引起对方的重视
迈克：嗯。	+ 表示自己在倾听
玛丽亚：这似乎是个很大的损失。	+ 表示自己在倾听
迈克：事实上，这让我很生气，生我们俩自己的气。健康真的太重要了！	+ 表达强烈的情绪 + 为自己的问题承担责任
玛丽亚：没错。	+ 肯定对方的感受，接受对方所说的
迈克：这对我们都很重要。	
玛丽亚：我知道。我总是最后才考虑自己。	+ 肯定对方的话 + 为自己的问题承担责任
迈克（开玩笑）：千万别这样！	+ 幽默地表达对对方的同情
玛丽亚（笑起来）：我从来都不知道怎样把自己放在第一位。我没学过。如果我不照顾周围的人，解决每件事，好像我在逃避责任。我不知道该怎么做。（哭泣）	+ 回应对方的幽默 + 有洞见 + 强烈地表达自己的情绪
迈克：嗯。	+ 表达自己在倾听
玛丽亚：还有很多没有处理完的事情。	+ 表达担忧
迈克（充满爱意）：你知道吗，我发现总有解决不了的事情。其实，没有干净的内衣，我们也不会死的。	+ 再次肯定对方做得很好 + 幽默
玛丽亚：我会。（笑起来）	+ 接受对方的幽默，并回应以幽默

迈克：不是吧。（笑起来）	+ 治愈性幽默
迈克：我很希望我们能回到过去。你知道吗？我们真的需要为自己留出一些时间。	+ 引导对话走向问题核心 —— 彼此的亲密和感受 + 没有责备对方
玛丽亚：我了解。我非常怀念我依偎在你怀里的那种感觉。	+ 充满爱意地表达自己的需要
迈克：我也很怀念。这对我们都很重要。我真正怀念的是，一天结束以后，我们俩都很好，什么事都没有了，我们可以安心地睡觉了。	+ 用自己的方式表达爱意，和对方产生深层次的联结
玛丽亚：我记得你在很多年前说过，你最喜欢和我一起起床，伴我一起入睡。	+ 更加明显地表达爱意 + 分享和对方有关的爱的记忆，帮助对方了解自己多么爱他
迈克：我现在仍然很喜欢，真的。	+ 用更深的爱意回应对方
玛丽亚：看到你无法表达自己的感受，我真的不希望你这样。我知道我这样说过很多次。或许我曾说过"你到底生什么气？""你到底感受到哪方面被冒犯了？闭嘴吧！我用尽全力来维持我们的关系。你赶紧闭嘴，你应该感激我"，对此我很抱歉。	+ 鼓励对方继续分享自己的感受 + 为自己的行为负责 + 为过去伤害对方道歉
迈克：没关系。我理解。我想我知道问题出在哪里了。	+ 接受道歉 + 表达理解

在这次对话结束后，我们更加深刻地理解了迈克和玛丽亚的关系。

"直到今天，我一直以为我们俩都非常擅长沟通，并且对未来有共同的整体规划，"玛丽亚说道，"但我现在意识到了，我们俩的沟通并不深入。不过，这也不是生来就会的。"

他们用幽默开启对话，然后才开始分享彼此的不良情绪，如羞愧、恐惧和愤怒，以及各自的渴望。而且，他们也愿意向彼此坦诚自己的脆弱。在对话结束以后，他们不仅重新点燃了彼此的激情，也开始治疗彼此的伤口。

"这是你们找回失去的浪漫、激情、性爱和亲密的方法，"约翰说道，"最重要的是，现在你们已经有足够的能力去做这一切了。"朱莉补充道："你们俩仍然有爱。爱从来都没有消失，它一直都在。你们只是需要记得时刻关注自己的情绪，必须时刻把关照自己的情绪深深地刻印在脑子里。当你们感到相互疏远、孤独时，记得关注自己的情绪。重拾同理心，并且关注自己的感受。"

一年以后

一年以后，我们对迈克和玛丽亚进行了回访。我们发现，他们充分"回应"了这次咨询带来的警示。他们积极地调整了自己的生活方式，亲密关系和健康状况都得到了很大的改善。

他们花了很多的时间来放松。事实上，他们在离家有几小时路程的沙滩附近买了间度假小屋，每个月会花一个周末去那里度假，其间，他们会放下电脑、手机，不受任何工作的干扰。

玛丽亚说："我终于意识到，有些工作是永远做不完的。和工作相比，家人更重要。"

迈克也对自己的工作进行了一番调整。他招聘了一名经理，让对方负责在周末管理餐馆，这样他就可以利用周末的时间休息。

通常，他们会带上特丝一起度假。但有时候，他们俩会单独度假，把特丝留给玛丽亚的妈妈。

另外，迈克和玛丽亚也腾出了时间，开始规律运动。迈克在把特丝送去托儿所之后，会再去健身房。到了周末，他会在沙滩上散步。有时候，玛丽亚会在下午晚些时候去健身房，然后再去托儿所接特丝回家。她在和特丝的互动中找到了更多活动的机会。后来，她买了一张室内蹦床，经常和特丝一起玩。她也会和特丝跟着动画片一起跳舞。当她去沙滩散步时，她会背着特丝。

这些活动对他们有用吗？答案是肯定的，实际上，迈克的体重减了 40 公斤，而玛丽亚减了 30 多公斤。

不过，他们最大的解脱可能是双方都放弃了对痛苦的忍耐。

"爱情实验室让我们意识到，我们正在经历一系列巨变，而我们还没有完全适应过来。"迈克说。

玛丽亚补充道："掩盖情绪使我们得以维持住了前进的动力，但代价是，我们无法承认自己的痛苦。"

现在，他们会有意识地分享彼此对过去和当下发生的种种事件的感受，彼此也会分享更多的感恩、爱意和信任。

"现在，我们的痛苦少了，欢乐多了。"迈克说道，"我们的浪漫也回来了。"

适度的"自私"，让彼此更亲近

在生活中，人们会遇到不同的压力，比如家人得了重病、为人父母、面对高要求的新工作等。通常，人们会投入大量精力，以解决问题。毕竟，这是大多数人从小接受的应对方式。在面对危机时，人们总是不断地付出，并把他人的需要置于自己的需要之前。这样的做法对维持家庭非常重要，也值得尊重。

但是，当习惯于应对危机模式时，人们会倾向于自我否定和自我忽略，而这会导致事情变得更糟。就像迈克和玛丽亚一样，他们忽视了运动、睡眠和健康饮食的必要，进而出现了疲劳和疾病；过度工作和自我牺牲导致彼此憎恨、情感疏离，他们的性生活也因此减少了。因此，对于重视努力工作及奉献家庭的人，我们的建议是：稍微自私一点儿。当然这听起来可能有些不合常理。

运动似乎是个绝佳的例子。迈克和玛丽亚都认为要把女儿特丝的需要放在第一位，因此对他们来说，花时间去健身房根本不可能。每天，他们会把运动的时间拿来陪伴特丝。在和特丝相处的大部分时间里，他们都觉得非常疲劳，这会让他们怀疑自己是不是称职的父母。在他们决定花更多的时间运动之后，他们不得不让特丝在托儿所待更长的时间。然而，迈克和玛丽亚开始变得更健康、更幸福，这样的父母是每个孩子都需要的。

同样的道理也适用于其他活动，如音乐、工艺、园艺、和朋友聚会等。当面对生活的压力和责任时，人们往往会首先忽略以上这些活动。但实际上，这些活动可以带给人们更多的能量，帮助人们恢复精力，从而度过艰难时刻。

所以对夫妻双方来说，当一方说"我要出去跑步"或"我想要弹钢琴"时，对方应该回应说："好啊！我来看着孩子。等你回来以后，我再去。"

另外，夫妻双方一起放松也很有必要。我们建议，夫妻双方每隔几个月应该安排一次周末度假，把孩子留给他人照看。此外，夫妻双方每个月至少安排两次约会，即使只是两人出去喝杯咖啡或喝杯酒也无妨。

重点在于，双方不要被打扰，这样彼此才能重新建立联结。如果家庭或工作正发生特殊状况，一方可以和对方谈谈这些状况给自己带来的感受。如果一方发现自己一直在谈论孩子和工作，也无妨，只要双方花时间分享彼此的感受和探讨生命中最重要的事即可。这类对话在婚姻的任何阶段都很重要，尤其是当夫妻双方经历重大的人生转折时，它们有助于夫妻双方变得更加亲近。

压力评估帮助迈克和玛丽亚从新的视角审视了他们的婚姻。他们的问题并不在于缺乏爱或缺乏努力，而在于他们被孩子的出生、新工作、疾病、亲人去世等状况完全压垮了。一旦勇于面对这些问题，他们就会充满动力，做出重大的改变，并且更用心地照顾自己以及增进彼此的关系。

以下测试是由精神病学家托马斯·霍姆斯（Thomas Holmes）和理查德·拉厄（Richard Rahe）研发的，可以帮助人们衡量生活压力及其带来的疾病风险。

💙 测试　你最近的压力有多大 💙

不同的人应对压力的方式是不同的。有些人的忍受度高，似乎不会被以下测试中的问题困扰，因此不会出现生理或心理问题。有些人可能对压力更敏感，并会受到负面影响。本测试会反映出测试者的压力水平与平均水平之间的差异。

请在以下事件清单中选出过去一年自己经历的事件，然后把所选事件的得分相加。

事件	得分
伴侣去世	100
离婚	73
分居	65
入狱	63
亲人离世	63
重伤或重病	53
结婚	50
失业	47

复合	45
退休	45
家人健康出现问题	44
怀孕	40
家里有新成员（孩子出生、收养孩子、长辈搬来同住）	39
重大商业改变（公司合并、重组或破产）	39
亲友去世	37
工作调整	36
双方争执次数改变	35
大额贷款	32
丧失抵押品赎回权	30
调岗	29
孩子离家	29
与姻亲有矛盾	29
取得重大的个人成就	28
伴侣开始或停止在外工作	26
开始或结束正式的学校学习	26
生活环境改变	25
个人习惯改变	24
和上司有矛盾	23
工作时间和工作环境发生重大变化	20
居住环境改变	20
学校环境改变	20

娱乐活动发生重大改变	19
宗教活动改变	19
社交活动改变	18
小额贷款	17
睡眠习惯改变	16
家庭聚会次数改变	15
饮食习惯改变	15
度假	13
欢度春节	12
轻微违法（如违规停车等）	11

解读：总分低于 150 分，意味着压力引发疾病的风险较低；总分 150 ～ 300 分，意味着压力引发疾病的风险中等；总分超过 300 分，意味着压力引发疾病的风险极高。

如果总分在 300 分以上，说明婚姻面临巨大的压力。不过夫妻关系并非痛苦和不幸的来源，真正的来源可能是一系列环境因素。压力水平高可能会影响夫妻看问题的视角，并干扰夫妻之间的情感交流和沟通。如果夫妻中的一方认为婚姻中存在这样的问题，那就需要和对方好好谈一谈压力的来源，并认真审视双方的生活，比如认真思考双方的经历和现在所处的位置，以及未来如何计划来减轻压力。

迈克和玛丽亚的故事告诉我们，关心个人健康对于维持婚姻幸福十分重要。虽然改变饮食、运动、工作和娱乐等是非常困难的，但他们的经历表明，这是可以做到的，只要人们关注自己的情绪，不让情绪成为自我照顾的阻碍就可以。只要做到了以上几点，任何人都会感到自己朝健康生活又进了一步。

行为改变的相关研究显示，人们可以通过设定目标、制订计划、追踪进展来取得更大的进步。以运动为例，我们建议，提前和教练详细讨论每周的运动计划，尤其是在开启新的饮食方案或运动计划时。你可以通过以下练习逐步改善自己的生活方式。

● **练习1　逐步实现健康的生活方式**

第一步，学习设定目标的技巧：

- 制定具体的目标；
- 制定可量化的目标；
- 列出健康生活方式的利弊；
- 分解目标；
- 寻求帮助；
- 对可能的障碍有所预期，并制定备选方案；
- 制订每日计划，追踪计划进展；
- 用短期成就或长期成就激励自己。

第二步，根据以下问题和建议进行练习：

1. 你想要达到怎样的长期目标？

建议：制定可量化的具体目标。例如，夫妻双方不要说"我们需要更多的交流"，而要约定"我们每隔一周的周六早上进行谈话。我们可以先花点时间去咖啡馆聊聊天，然后，我们可以去散步或去书店转转"。

练习：_____

2. 实现目标的利弊各有哪些？

建议：写下实现目标所有的利，然后闭上眼睛想象自己有多么开心。对于所有的弊，则想象当它们发生在朋友身上时，你会如何建议对方。

利	弊
如"定期约会让我们彼此更加亲密"	如"每周请保姆照料孩子很费钱"
（1）	（1）
（2）	（2）
（3）	（3）
……	……

3. 哪些小步骤可以帮助实现大目标？

建议：如果你的目标是拥有好身材，那么你可以尝试每周 3 次 30 分钟的负重训练，或者每周跑步或游泳 2 次，每次 40 分钟等。

练习：＿＿＿＿＿＿＿＿＿＿＿＿＿＿＿＿＿＿＿＿＿

4. 你预期会遇到哪些障碍？你会如何克服或绕开这些障碍？

建议：必须准备备选方案。例如，如果你的目标是运动，而你经常外出散步，那么你可以提前规划，当天气不好时该怎么办，是去健身房、室内游泳，还是去逛商场？

练习：＿＿＿＿＿＿＿＿＿＿＿＿＿＿＿＿＿＿＿＿＿

5. 能否找到 3 个可以支持你做出改变的人？

建议：将这些人的名字列出来。联系他们并向他们寻求鼓励。当你需要支持时，给他们打电话。

练习：(1)＿＿＿＿＿＿＿＿(2)＿＿＿＿＿＿＿＿(3)＿＿＿＿＿＿＿＿

6. 你如何奖励自己？

建议：给自己制订一份奖励清单，奖励既可以是给短期成就的，也可以是给长期成就的。

- 每周达成目标的奖励。如去按摩院按摩，去自己最喜欢的餐馆进餐，买音乐唱片或买一束鲜花。

  练习：_____

- 一年后达成目标的奖励。如去外地旅行，看一场球赛，彻底放松一周或做自己想做的事。

  练习：_____

7. 每日如何追踪计划的完成情况？

建议：在日历或手机备忘录上记笔记，或每天完成目标后在日历上贴一枚星星，抑或准备一本专门用来描述计划完成情况的笔记本。

无论你选择哪种方式，请记住：

- 每天回顾你的目标，想一想自己为什么要做出改变；
- 根据每天的实际情况决定自己的计划，如"今天在开会的时候，我不吃甜甜圈"或"我们今晚至少花 15 分钟来聊聊今天发生的事"；
- 回顾前一天发生的事：你是否达成了目标？哪些技巧有用，哪些没用？如何度过每一天，以便实现目标？利用这些问题来修正自己的目标。

我们在《幸福的婚姻》这本书中提出了"爱情地图"这个概念，它指的是婚姻中的一方在头脑中储存的关于对方的重要信息，如对方的生命历程、日常习惯、喜好和厌恶之事等。**研究显示，如果夫妻保持爱情地图的实时更新和准确，他们就可以获得幸福的婚姻。**而且，他们也能为面对生命挑战做好准备，如孩子出生或亲人离世等。这种重要的生命事件会改变夫妻双方关于自己以及自己在世界上所处位置的看法。所以，在经历生命的转折时，保持爱情地图的实时更新非常重要，这样做能使夫妻双方在动荡时期更加亲密。

练习 2　及时更新爱情地图

　　以下问题清单能够帮助夫妻双方更新爱情地图。在面对压力事件或重大挑战而进行这项练习时，夫妻双方要事先预留出完全不会被人打扰的时间，然后轮流提问、回答。当一方在构思答案时，对方要认真倾听，并用开放的态度予以回应。

- 这些事件是如何改变你对生命的感受的？
- 这些事件是如何改变你在家庭中的角色的？
- 这些事件是如何改变你对工作的感受的？
- 这些事件是如何改变你生命中的优先事项的？
- 这些事件是如何改变你对信仰或命运的看法的？
- 这些事件是如何改变你对未来的看法的？
- 这些事件是如何改变你对疾病或死亡的看法的？
- 这些事件是如何改变你对时间的体验的？你会更在乎未来发生的事吗？你对当下的关注是增加了还是减少了？
- 这些事件是如何改变你和朋友或亲戚的关系的？
- 这些事件是如何改变你的自我需要的？例如，你对物质的需要是否降低了，以及你对情感联结的需要是否增加了？
- 这些事件是如何改变你的安全感的？
- 这些事件是如何改变你的日常情绪的？
- 当你步入生命的这个阶段以后，你需要哪些支持？

04

我们没法好好说话

TEN LESSONS TO TRANSFORM
YOUR MARRIAGE

用积极的方式清楚地表达需要，
通过开放式问题练习仔细、
积极地倾听，并表达感激之情。

问题

· 鲍勃和玛丽莲互相批评和伤害；
· 双方开始更多地互相批评和蔑视；
· 时间一长，双方在婚姻中失去了安全感，开始退缩并停止对话；
· 双方开始冷战和沉默，继而产生了更多的消极情绪和批评。

解决方案

· 双方要表达"我想要什么"，而不是"我不想要什么"；
· 不要互相批评、抱怨，也不要用"我想要什么"来回应对方；
· 彼此用心倾听；
· 对于对方的批评，可以真诚地问"你想要什么？"；
· 对对方的倾听和回应表达感激；
· 彼此培养积极的态度和感受。

1944 年，鲍勃和玛丽莲在艾奥瓦州某个小城的一座教堂里相识，他们聊得很投机。鲍勃比玛丽莲大 3 岁，在鲍勃眼里，玛丽莲"非常有吸引力，且非常健谈"。当时，鲍勃正在战时服役，因此他没有对玛丽莲多说什么，但他在心里默默地记住了玛丽莲。

鲍勃回忆道："当时，每当我们约会时，玛丽莲的母亲都会陪伴左右。我们会坐在门廊的摇椅上，玛丽莲的母亲则坐在屋里。"

玛丽莲补充道："母亲经常会不经意地经过，很快她会来叫我，让我进屋去。"

后来，在某次休假结束的前夜，鲍勃向玛丽莲的哥哥借了一辆车，带着玛丽莲出去兜风。当晚，鲍勃向玛丽莲求婚了。

玛丽莲回忆道："我花了一分钟就决定嫁给他了，我觉得他太棒了。"

在服役结束之后，鲍勃很快就和玛丽莲结婚了。一年之后，他们生了个女儿。后来，他们陆续又生了两个女儿。如今，鲍勃和玛丽莲都 70 多岁了。虽然他们已经共同度过了 50 多年，但两人似乎一直生活在平行宇宙中：玛丽莲负责带孩子、照顾家里及全家人的社交生活，鲍勃则专注于他的销售事业。最近，鲍勃退休了。两人的生活开始有了交集，但这却让两人很不适应。

玛丽莲最常抱怨的是鲍勃从来不和她交流。"以前我每次出门，他总会问，'你去做什么？'我会事无巨细地和他说。"玛丽莲说道。然而最近她发现，鲍勃不再问她了。"他回到家后，我会问他一天过得怎么样，他只会说，'我去打高尔夫球了。'然后就没了。他不会和我说任何细节。我们之间没有任何沟通。"

玛丽莲感到很受伤，她说："既然他什么都不和我说，我为什么要和他分享我的一切？"

其实，在这段关系中，玛丽莲并不是唯一受伤的人。鲍勃告诉我们："在我退休之后，玛丽莲对我的不满似乎一下子集中爆发了。"

退休对鲍勃来说是个重要的人生转折点，玛丽莲也同意这一点："现在，我们每天都待在一起。当我想和他聊天时，他就开始防御起来，甚至很生气。我不知道怎么面对他。"

鲍勃则说："我感觉她非常恨我，好像我影响了她的生活，她不再需要我了。"

毫无疑问，鲍勃和玛丽莲在这个人生阶段遇到了一场危机。就像其他夫妻遇到的人生转变一样，如第一个孩子出生、孩子长大后离家、夫妻双双退休，都会导致夫妻矛盾升级，过去被双方忽视的问题似乎突然变得令人无法忍受。

为了更好地理解他们的相处模式，我们请他们就此问题展开了对话。以下左栏是他们第一次对话的部分摘录。

对话	评价
鲍勃：在沟通这件事上，我想知道你对我的期待究竟是什么。	+ 询问对方的需要
玛丽莲：我希望你和我轻松地对话，就像你和别人对话那样。你只会问我问题，"有人给我们写信吗？"或"午饭吃什么？"，这不是对话。你没有告诉我你的感受。	+ 用清晰的方式回应对方 − 轻微地批评
鲍勃：好吧，但当我问你时，你好像很恨我。当你挂掉你姐姐的电话以后，我会问你问题，因为你总是不愿意主动告诉我发生了什么。我只是希望进入你的生活。	− 批评 − 防御；不愿承担责任 − 泛化问题，如"你总是……" + 表达自己希望有更多的参与感
玛丽莲：好吧，但当你和别人说话时，我问你"他们说了什么？"，你也不会告诉我。你只会说"他们就是在聊天而已"。你什么也不告诉我。	− 愤愤不平，攻击对方
鲍勃：我告诉你了。我说在我们打球时下雨了。	− 防御；仍然不愿承担责任 − 不愿接受对方的影响
玛丽莲：弗雷德在的时候，你的确说过一次。但我的意思是，当我们单独在一起时，我们没有任何沟通。我们一整天也不说一句话。当你去车库里干活儿时，我会问你去做什么，你只说"没什么"。我觉得自己完全被你隔绝在你的生活之外。我不知道你的感受，我也不知道你在想什么。只有你对我生气时，我才知道你的感受。而我……	+ 承认对方曾经分享过自己的生活细节 − 开始防御和批评 − 用模仿（"没什么"）表达轻蔑 + 用特定的方式提出自己的需要 + 告诉对方自己的感受 − 再次批评对方

鲍勃：其实，我生气是因为我知道你并不会听我说话。你会打断我的话，然后告诉我我在想什么。	- 打断对方 - 批评对方
玛丽莲：但当你想要谈话时，你恨不得一连说上 10 分钟，我一句话也插不上。	- 防御 - 批评对方；对自己没有机会表达出真实感受而感到不开心，并觉得对方在想要说话时说得太多
鲍勃：你不会像打断我一样打断你姐姐。	- 批评对方
玛丽莲：鲍勃，我姐姐和我之间有互动。而你只是一直说，我只能干坐着。	- 批评和蔑视对方
鲍勃：因为你打断我以后，我就想不起来接下来应该说什么了。	-/+ 尽管仍然在防御，但告诉了对方自己的想法
玛丽莲：好吧，问题确实是相互的。	+ 坦陈自己的想法，表示双方面临同样的问题
鲍勃：当我这么做的时候，我很生气。我不是生你的气，只是气自己表达不出来。你很多次和我说"这太蠢了"。或许在你看来这很蠢，但这就是我的自我表达方式。	+ 更多地袒露自我 + 开始试图修复关系，开始与对方互动 - 批评对方阻碍了他表达想法
玛丽莲：那我试图表达自己的时候呢？你对我很生气，而且立刻表现在脸上，然后你很快就爆发了。	- 抱怨对方 - 防御，批评对方
鲍勃：这可能是真的，但其实我不希望这样。这就是为什么我一直在竭力避免这种情况发生。	+ 承认某些事实，承担一定的责任 + 告诉对方自己的感受，这有助于修复关系、增加互动

玛丽莲：我也不希望这样。	+ 表达自己的感受
鲍勃：而且，我不希望别人批评我。	+/- 试图修复关系，但又开始批评对方
玛丽莲：我也不希望别人批评我。	- 防御 - 挑剔
鲍勃：我不希望你批评我，玛丽莲。	- 防御
玛丽莲：鲍勃……	- 防御
鲍勃：你总是批评我。	- 批评升级
玛丽莲：那是因为你批评我。	- 防御 - 批评
鲍勃：你记不记得你说过"你永远不会改变"？当你这么说的时候，我觉得我束手无策，因为你这句话让我不知道怎么办。	+ 很好地转移了话题，开始表达自我，让对方知道她的话让自己感觉很糟糕
玛丽莲：好吧，我们几十年都是这样。你曾经说"我会改变"，但你不会。我希望我们更加亲密，我想要你多陪伴我，但我从来没有得到过。很抱歉我这样说，但确实如此。我真的希望这一切能发生。	- 泛化地批评，直击对方最脆弱的地方 - 否认双方的责任
鲍勃：我不知道怎么改变。当你批评我，并说我永远不会改变的时候，我觉得你完全不理解我的感受。	+ 表达自己的感受 - 批评
玛丽莲：你一直在说我批评你，而且……	+ 真诚地询问；想要弄清楚为什么对方这么说

鲍勃：你就是这么做的。你说我是个骗子。你还批评我的父亲，因为你知道这样会羞辱到我。你不知道这对我来说伤害有多大。这让我感觉你完全不需要我。我不希望被我爱的人拒绝。我可以对抗全世界，但在我爱的人面前，我只是会感到很受伤。我想我之所以生气，是因为……	− 打断对方 + 针对性地提出诉求，详细描述自己有多么受伤 + 坦白自己的爱，试图修复可能造成的伤害
玛丽莲：你以前也生过气。在过去的几年里，我一直试图反抗。我一直认为，我批评你，是因为你批评我。	− 反抗；对方的努力失败了
鲍勃：我批评你什么了？	+ 直接询问；仍然在努力
玛丽莲：你说呢？	− 批评对方
鲍勃：我批评你什么了？你说吧。	+ 仍然在询问
玛丽莲：你批评了我好多年了。	− 批评对方
鲍勃：我批评你什么了？我不记得我批评过你。	+ 仍然在询问
玛丽莲：你会说那些我们从小就被教导不该说的话。	−/+ 回应对方的询问，但仍然在批评对方，带有道德优越感
鲍勃：我没有批评你……	− 防御
玛丽莲：那我批评你什么了？	− 打断对方 / 防御
鲍勃：你说我蠢。	+ 以特定的诉求回应对方
玛丽莲：好吧，鲍勃，你也说过我蠢。	− 用反抗的方式防御；从来没有真正谈论对方提出的话题

互相攻击的互动模式

鲍勃和玛丽莲的对话一直在继续，直到我们将他们叫停。朱莉坐下来，然后问他们："你们在家里进行的对话也是这样的吗？"

"是的。"鲍勃伤心地回答，玛丽莲也不住地点头，她看上去也很伤心，同时还带有一点儿困惑。他们都表达了自己的需要，希望对方和自己对话，并希望对方倾听自己，但结果却是互相批评，各自痛苦。问题在于，他们在表达自己的需要时，用的是非常消极的方式：互相批评和指责。

为了弄清楚鲍勃和玛丽莲为什么会形成这样的互动模式，我们请他们谈了谈各自的成长背景。鲍勃说他父亲是个总爱发火和挑剔的人，很难相处，对此玛丽莲表示同意。

玛丽莲说："我认为我们的问题可能正源于此。有时候，我可以从鲍勃身上看到他父亲的影子，我会告诉他这一点。（转向鲍勃）要是我不认识你父亲就好了，那样我们相处起来可能会容易一些。"

约翰说道："你这样说真的很伤鲍勃。"

玛丽莲回应道："我知道。我是故意这么说的。不过，我只在我们产生巨大冲突的时候才这么说。"

随后，我们讨论了玛丽莲的问题。她年轻时是个非常内向的人，不敢表达自己的真实想法。后来她变了，对于自己的需要，她会直接说出来。

约翰问道："这是怎么回事？"

玛丽莲回复说："我不知道。"

鲍勃说他知道："玛丽莲一直都很有攻击性，而且非常有控制欲。"他轻蔑地撇撇嘴，"我们全家人都知道。"

约翰观察到，玛丽莲可能被鲍勃的话刺痛了，但鲍勃并不准备道歉，反而说："我知道她会被刺痛的，我只是不理解，为什么她完全不明白这一点。"

尽管他们的对话充满敌意，但我们仍然发现，他们都很脆弱，对对方都饱含柔情，非常希望改善双方的关系。

"我不希望自己老了，却从来没有体会过爱和安全感，"玛丽莲告诉我们，"我想要的关系是，当我受伤了，对方能知道；当我开心的时候，对方也能知道。"

鲍勃回忆了以往的美好时光，但他似乎害怕未来会发生的事："如果我们学不会在不伤害彼此的情况下彼此产生联结，我怕我们会失去所有的快乐。"

鲍勃的担忧确实也有道理。实际上，他们在对话时已经触及"末日四骑士"中的 3 种行为：批评、蔑视和防御，这几乎会摧毁他们的婚姻。此外，他们的整段对话就是一场冷战：他们拒绝分享彼此生命中的小事，同时都在情感上退缩。

鲍勃和玛丽莲要想更好地彼此产生联结，他们需要更深入地理解彼此是如何互相伤害的。朱莉请他们回顾了刚刚发生的一切。

"鲍勃，当你说玛丽莲很有攻击性的时候，你有点在嘲笑她，"朱莉说道，"你这么说可能是在开玩笑，但这种玩笑带有蔑视。你好像把自己置于她之上，试图让她感到羞愧。而你，玛丽莲，你说鲍勃像他父亲，你这么说不仅会打击到他，还在批评一个他想要成为的人。这让他感到很痛苦，他让你不要这么说。"

长此以往，类似的攻击会让他们在婚姻中失去安全感。当生活中充满批评和蔑视时，双方根本不愿谈论对彼此真正重要的事情。他们不会分享彼此的目标、梦想和后悔之事，因为谈论这些话题对他们来说太冒险了，他们知道自己所说的一切都会被对方拿来攻击自己。在鲍勃和玛丽莲的第一次对话中，我们看到了这一点，比如鲍勃告诉玛丽莲自己有多受伤。这本来是玛丽莲可以通过共情和怜悯回应鲍勃的脆弱的好机会，但她却利用这个机会再次攻击鲍勃。

实际上，当夫妻双方在亲密关系中反复遭遇这种敌意后，他们就会逐渐封闭自我，并在情感上和对方保持距离。最终，双方连生活小事都不愿与对方分享，继而双双陷入孤独之中。

爱情实验室的建议

鲍勃和玛丽莲需要结束这种彼此攻击和防御的互动模式，只有这样，他们在婚姻中才能感到安全，才能远离孤独。

当然，他们结婚已经超过 50 年了，很难改变彼此的互动模式。

不过，处于不同婚姻阶段的夫妻仍然可以做出改变，因为我们曾经亲眼见证过。因此，我们相信鲍勃和玛丽莲也可以做到。

我们请他们按照以下 3 个步骤开始行动。

说出自己想要什么，而非不想要什么

例如，一方与其对对方说"我希望你不要再批评我了"，不如说"我希望你尊重我，就像你尊重朋友那样"。

如果双方能关注现在而非过去，就更容易做到这一点。例如，不要聚焦在对方 5 年前、5 周前甚至 5 秒钟前所做的事情上，而应该想象当下自己希望从对方那里得到什么。

用开放性问题回应对方的陈述

要做到这一点，可能需要多花一些工夫，尤其是当双方试图打破以前的互动模式时。

- 不要立刻表达自己的需要以回应对方，如"是的，我也需要被人尊重"；
- 不要防御性地回应对方，如"现在你的意思是说，我们不再是朋友了？"。

相反，要真诚地倾听和理解对方，如可以问对方"我怎么做才会让你觉得我很尊重你？"或"友谊和尊重对你来说意味着什么？"。

如果发现自己开始防御性地回应对方，要立即停止。深呼吸，冷静一下，然后重新开始。可以简单地问对方："你可以详细地说说吗？"

向对方的倾听表示感激

当对方倾听自己时，要告诉对方自己的感受，并表达感激。

只要夫妻双方彼此需要，任何时候都可以重复以上 3 个步骤，无论是想要表达希望对方陪伴，还是性需要，抑或希望对方整理账本、洗衣服等。**夫妻双方要用积极的方式表达自己的需要，并通过开放式问题来表达自己正在认真、积极地倾听对方，以及向对方表达感激。**

对于鲍勃和玛丽莲，我们认为以上 3 个步骤可以帮助他们重新开始进行充满爱意和尊敬的对话。我们希望他们意识到，他们可以讨论彼此的需要，而不应陷入彼此攻击和防御的互动模式中。

后来，鲍勃和玛丽莲同意进行第二次对话，并尝试采纳我们的建议。他们决定讨论在日常生活中可以相互分享的事，如共用电脑。

对话	评价
玛丽莲：当我问你"最近有什么有意思的邮件吗？"的时候，我希望你说"有，我们收到了……"，你可以读给我听。这会让我感觉自己更有参与感，而不是一个与你无关的人。	+ 好的开始，陈述自己特定的需要
鲍勃：你希望我告诉你一些你会感兴趣的事？	+ 真诚地询问更多信息；毫无防御性
玛丽莲：是的，你可以只告诉我"有张账单"。另外，当我用电脑时，我希望你能尽可能地帮我，告诉我我忘记做哪些事情了。	+ 好的回应，聚焦于自己的需要，而非对方没有做的事情
鲍勃：你希望我在什么时候这样做？	+ 询问更多的信息
玛丽莲：当你处理和电脑有关的事时，可以时不时地告诉我你在做什么。	+ 告诉对方自己更多的需要
鲍勃：我不知道原来你希望我向你展示怎么操作。我很感谢你认为我还懂点儿东西。	+ 表达感激
玛丽莲：是的。我觉得你比我懂。你可以在我处理照片的时候帮助我。	+ 承认对方的能力，表达赞赏 + 表达自己更多的需要
鲍勃：我很愿意帮你。当然，我不像你一样经常处理照片。所以，我不是很确定自己是否可以帮到你，毕竟你处理照片的时间比我长。	+ 回应对方自己愿意帮忙 + 承认对方的能力，表达赞赏

玛丽莲：我有时候会忘事儿或做错事儿，但你会及时提醒我。	＋ 表达对对方的需要，并表示他有能力胜任；再次表达赞赏
鲍勃：我认为你没有做错什么。这只是你学习的过程。只要我可以，我愿意向你提供一切支持。	＋ 再次表达对对方能力的信任 ＋ 表达帮助对方的意愿
玛丽莲：我认为我们一起努力比较好。这会让我感觉更有参与感。	＋ 指出双方关系的积极面 ＋ 表达想要靠近对方的需要
鲍勃：我想，你说的或许没错。	＋ 认可对方的积极态度
接下来，两人开始讨论鲍勃的需要	
鲍勃：当我们计划出去的时候，我希望知道，在走之前，我需要做些什么。这样我就可以在这个方向上努力。	＋ 好的开始；表达自己的需要，没有批评对方
玛丽莲：我不明白你的意思。	＋ 请求对方澄清需要，没有防御
鲍勃：比如，在我们去医院之前，我希望知道你的计划，这样我就可以根据你的计划来规划我的日程安排。我有时候很茫然，不知道该在某些时候安排哪些事。我希望你告诉我我需要做什么、我能做什么，这对我会很有帮助。	＋ 用具体的例子表达自己的需要
玛丽莲：好的，我会尽量注意的。但我们都知道预约的时间点。我觉得在我们出门前，有些事情可能必须完成……我暂时想不起来……或许，你告诉我你需要做什么会比较好。	＋ 表达自己会关注对方的需要 －/＋ 开始逐渐防御，但很快就停下来了，然后开始试图解决问题。"挽救"得很及时

鲍勃：很多时候，我都开始往车上拿东西了，你还没有收拾好准备出门。所以，我希望有个大概的时间安排……	+ 告诉对方更多自己需要的细节
玛丽莲：好的，我会尽量多注意。我会在出门前告诉你我们要做什么。	+ 同意满足对方的需要
鲍勃：谢谢！	+ 真诚地表达感激
玛丽莲：我知道，有时候当我们去医院之前，手头有一堆事情要处理，这真的很烦。我们可以想办法一起解决问题。我会尽量告诉你我需要做什么。谢谢你告诉我这件事并希望改进。	+ 承认双方的生活有很多困难 + 指出双方关系的积极面 + 表达共同努力的意愿 + 表达感激

在鲍勃和玛丽莲的对话结束时，约翰问道："和你们的第一次对话相比，你们现在的感觉如何？"

"感觉好多了，我们好像都开始尊重对方的想法了。"鲍勃回答道。

玛丽莲则惊讶于，她和鲍勃仅通过讨论查收邮件或整理行李等小事，就能在双方关系上取得如此大的进步。

我们对此并不感到惊讶。"这就是婚姻的真谛。"约翰说，"日常小事会产生很大的影响。夫妻双方要表达自己的需要，提出好问题，以及表达感激。此外，夫妻双方还要时刻留意这些'小事'，并尽可能地进行实践。这有助于双方避免彼此批评或蔑视，而批评和蔑视会摧毁双方的关系，导致双方陷入孤独。"

当然，我们也意识到，鲍勃和玛丽莲在一起已经超过 50 年了，他们不可能在一夜之间完全改掉以往的互动模式。两人在相处过程中仍然难免会批评或蔑视对方，而对方会反击，并伤害彼此的感情，最后双方都陷入后悔的境地。但是，如果他们承诺以更积极的方式相处，那么他们的关系一定会有所改善。

"这就好像打棒球，"约翰说，"即使一名投球手处于绝佳赛季，在该赛季的击球率达到 0.300[①]（已经很多了），那他也已经丢掉了 70% 的球。在婚姻中，夫妻双方的交流也是如此——双方会错过很多机会，失败很多次。但只要双方尽力，且互相了解，就已经很棒了！"

一年以后

在这之后的一年里，鲍勃和玛丽莲遭遇了巨大的挑战：玛丽莲的两个兄弟姐妹去世了，鲍勃的哥哥也去世了。

"在我们经历悲痛时，我们的关系会变得紧张，然后会忽略彼此，这样的生活的确很难。"玛丽莲说道。不过她接着说，与之前相比，她和鲍勃会更多地分享彼此的感受和想法。

"我们也更懂得倾听彼此了。"鲍勃补充道。

令鲍勃感到欣慰的是，他和玛丽莲可以放心地讨论彼此的需要。"我们不会再冷战和搁置问题了。"他解释道。

不过，和我们预想的一样，鲍勃和玛丽莲提到，他们依然会陷入以往那种彼此批评和防御的互动模式中。但现在，他们至少找到了一种解决这种问题的方法。更重要的是，他们都知道哪些方法可以避免陷入以前的互动模式中。

"这种问题不是一次性就可以解决的，"玛丽莲补充道，"我们俩必须一直保持警觉，并将这种习惯融入日常的点滴之中。"

---

① 棒球的统计术语，即打击率为 30%。——编者注

蔑视的解药：喜爱和赞美

在第一次对话中，鲍勃和玛丽莲对对方表现出了批评和蔑视。通常，批评和蔑视是婚姻破裂的前兆。然而，当我们问他们彼此是否仍然相爱时，他们的回答仍然让我们看到了他们和好的可能。当玛丽莲回忆起鲍勃当初是如何向她求婚时，她的眼睛里闪着光。而当鲍勃回忆起当初玛丽莲给自己的印象时，他深情地看着她说："她非常有吸引力，非常健谈，非常令人愉悦。"这么多年来，尽管双方有过很多争执并累积了许多消极情绪，但彼此依然有很深厚的感情，尤其是当他们回忆起彼此一见钟情的情景时。

幸福婚姻的秘诀之一是，始终牢记对方的闪光时刻。我们的研究显示，喜爱和赞美是抵抗蔑视的最佳武器。**当夫妻双方主动觉察出自己对对方性格和人格的喜爱，并大声地表达出来以后，双方的关系通常会得到改善。**

所以，夫妻双方要记住：要持续地审视周围环境，留意双方的互动。不要找碴儿，而要发现对方做得正确的地方，并记住对方做得很好的地方，然后表达感激。利用一切机会赞美对方，比如，当对方剪了新发型或清理了垃圾时；或者当对方给自己买了自己最喜欢的冰激凌时；又或者当对方提出陪自己一起看自己喜欢的电视节目，而原本对方很想看其他节目时；等等。关注双方为彼此生活所做的一些小事，当一方觉察到以后，要让对方了解到这一点，然后向对方表达感激。

❤ **测试　你的婚姻中充满喜爱和赞美吗** ❤

本测试可以评估婚姻中的夫妻双方对彼此的喜爱和赞美程度。阅读以下描述，然后根据自己的实际情况在"是"或"否"下打钩。

描述	是	否
1. 我可以轻松说出对方最让我喜爱的 3 个方面		
2. 当我们分开时，我会很思念对方		
3. 我常常可以找到各种机会对对方说"我爱你"		
4. 我常常亲吻或抚摸对方		
5. 对方很尊重我		
6. 我在这段关系中感受到了爱和关心		
7. 我感到对方接纳我、喜欢我		
8. 对方觉得我很性感，也很有吸引力		
9. 对方会引起我的性兴趣		
10. 我们的关系充满激情		
11. 我们之间仍然很浪漫		
12. 我非常喜爱对方		
13. 对方非常欣赏我的成就		
14. 我可以立即回答我为什么和对方结婚		
15. 如果人生重来，我仍然会和对方结婚		
16. 我们在睡前总会表达爱意		
17. 当我回家以后，对方很高兴		
18. 对方对我为婚姻所做的一切非常感激		
19. 对方很欣赏我的性格		
20. 我们的性生活很和谐		

计分规则：选"是"计1分，选"否"不计分。

解读：如果得分在10分及以上，说明你在这一点上做得很好。你对对方的喜爱和赞美有助于防止婚姻被消极情绪侵袭。如果得分在10分以下，说明你在这一点上仍需进一步努力。你可以利用一些小技巧主动发现双方关系中的积极方面，即使这些在你看来理所当然；也可以找寻对方身上值得喜爱和赞美的地方。

练习1　我喜欢你的3个方面

双方分别从以下清单中找出自己很喜爱对方的3个方面，填写在下面的横线上（如果超过3个，也记下来，留作下次练习）。然后，写下对方在哪种场合下会有这些表现，并且写下它们是如何吸引自己的。同时，还要写下发生这些情况时的一些细节。双方轮流分享彼此的记录，并告诉对方为什么某种表现最吸引自己。

喜爱的方面：_____

场合、细节以及它们如何吸引自己：_____

喜爱的方面：_____

场合、细节以及它们如何吸引自己：_____

喜爱的方面：_____

场合、细节以及它们如何吸引自己：_____

有爱	敏感
勇敢	智慧
体贴入微	慷慨
忠诚	真实

内心强大	充满活力
性感	有决断
有创意	充满想象力
有吸引力	支持他人
幽默	思虑周全
深情	富有条理
机敏	热爱运动
快乐	有协调能力
优美	优雅
有礼貌	乐观
乐于助人	是个良友
惹人喜爱	节俭
很有计划性	害羞
脆弱	坚定
投入	善于表达
积极	细心
寡言少语	有冒险精神
包容	可靠
负责	值得信任
关心子女	暖心
有男子气概	善良
温柔	实际
精力充沛	风趣
放松	美丽
英俊	富有
镇静	活泼

是个好伴侣	是很好的父亲 / 母亲
坚定	有保护力
甜蜜	谦和
健壮	灵活
善解人意	傻傻的

你是否一直对对方有怨念和愤怒？如果你们有过争吵，那你可能会在争吵之后一直想着这件事。而如果你曾因为其他一些事对对方感到失望和愤怒，也会使你对双方关系产生消极想法。

我们的研究显示，夫妻双方对彼此持续产生消极想法，会导致双方在婚姻关系中不断疏远，最终分道扬镳。

对于这种情况，我们给出的解决方案是，夫妻双方训练自己用"改善关系型"思维替代"维持压力型"思维。虽然这种方法需要花费很多时间，但它的确可以帮助增强夫妻双方对婚姻的喜爱度和赞美度。

● **练习 2　培养喜爱度的 7 周计划**

以下的 7 周计划很有帮助。每周计划列举了 5 种积极的思维方式，并提供了进一步的行动方案。由于许多步骤需要记笔记或日记，因此需要专门准备一个笔记本，用于完成本练习。

想法	行动
第 1 周	
1. 我真的非常喜爱对方	写下你觉得对方最可爱的一个特质，描述对方展现这一特质的场景

2. 我可以轻松地回忆起婚姻中的愉快时光　　记录并描述这一美好时光

3. 我可以轻松地回忆起婚姻中的浪漫时光　　写下某段浪漫时光，然后描述细节，比如当时的环境、氛围和自己的感受

4. 我觉得对方的身体很有吸引力　　写下对方吸引自己的生理特质，然后花时间想象一番

5. 对方的某些性格让我感到很骄傲　　写下对方至少一种性格特质，并思考：在什么情况下，自己会有这种感受

第 2 周

1. 在婚姻中，我感到更多的是"我们"，而不是"我"　　写下你和对方的一个共通点，然后和对方进行讨论

2. 我们有共同的信念和价值观　　描述一个双方共同的信念或价值观，并思考：双方的共同联结对你意味着什么

3. 对方是我最好的朋友　　思考：你和对方都知道彼此的哪些秘密

4. 我可以轻松回忆起我们初次相识的情景　　写下你和对方初次相识时的浪漫细节

5. 对方给了我很多支持　　描述对方完全支持你的一个时刻

第 3 周

1. 我在家里可以得到放松，没有任何压力　　描述对方是如何帮助你摆脱压力的

2. 我们有共同的目标　　写下两个目标，并思考如何实现它们

3. 我可以回忆起我们决定结婚那一刻的许多细节　　用一段话描述出来

4. 对方身上有很多我不喜欢的地方，　写下你能容忍对方身上的一个小问题
但我可以容忍

5. 我们为彼此的生活共同承担责任　　思考：双方如何定期分担家务

第 4 周

1. 我们可以共同掌控生活　　写下双方共同规划的某项重要任务

2. 我为这段婚姻感到骄傲　　写下婚姻让你感到最骄傲的一点

3. 我为家庭感到骄傲　　描述某个让你产生这种感受的具体
场景

4. 我可以回忆起婚姻生活和蜜月期间　　写下至少一段美好的记忆
的快乐时光

5. 我们的婚姻比我见过的其他大部分　　回想你见过的比较失败的婚姻，然后
婚姻都幸福　　思考：你们是如何避免婚姻问题的

第 5 周

1. 能够遇到对方，让我感到很幸运　　写下你和对方结婚的一个好处

2. 虽然婚姻本身可能意味着艰难与挣　　写下你们曾经共同经历的一个艰难时刻
扎，但我觉得和对方结婚很值得

3. 我们之间有很多爱意　　今晚为对方准备一个惊喜

4. 我们有共同的兴趣　　找出一个双方都感兴趣的话题，然后
一起讨论

5. 我们彼此是非常好的伴侣　　规划一次外出约会或旅行

第 6 周

1. 对方是我的知己　　回想对方认真倾听你的述说并给出有
效建议的一个时刻

2. 对方是个很有趣的人　　找一个你和对方都感兴趣的话题，在
下次聊天时，双方可以聊一聊

3. 我们可以很好地回应彼此	给对方写一封情书，并寄给对方
4. 如果人生重来，我仍然希望和对方结婚	为结婚周年纪念日或其他纪念日规划一次浪漫的假期
5. 我们在婚姻中彼此尊重	为双方规划同一个课程，如健身、烹饪、舞蹈等方面的课程

第 7 周

1. 我对我们的性生活很满意	规划一个浪漫的夜晚
2. 我们共同经历了很多才走到今天	写下你们共同完成的任务清单
3. 我想我们可以面对一切风雨	回忆过去曾经经历的困难时期
4. 我们很欣赏彼此的幽默感	双方一起看一部喜剧片
5. 对方很可爱	精心打扮一番，然后晚上一起约会

05

对方不在乎我的期待和梦想

TEN LESSONS TO TRANSFORM
YOUR MARRIAGE

一旦各自都有机会
表达梦想并感到被理解，
就能找到更多妥协的灵活空间。

问题

- 史蒂夫和丹尼丝不会讨论他们的梦想冲突：史蒂夫想要梦想和现实有所平衡的生活；丹尼丝则希望在危机来临时史蒂夫能带给她更多的安全感和支持感；
- 史蒂夫无法满足丹尼丝的需要，丹尼丝很失望；
- 一旦被情绪淹没，丹尼丝就听不进史蒂夫的解释，即使他正试图承担责任；此外，丹尼丝也无法回应史蒂夫；
- 双方的对话陷入僵局。

解决方案

- 推迟解决问题；
- 双方轮流讨论彼此的梦想冲突；
- 灵活应对梦想冲突；
- 找到支持各自梦想的方式。

史蒂夫是名建筑师，当他第一次和丹尼丝见面时，他惊喜地发现彼此有很多共同的兴趣：他们都热爱大自然，喜欢徒步和旅行。他们在同一家事务所工作，还喜欢同一类型的书，尤其是励志类的书。当时，史蒂夫注意到丹尼丝"眼下长着可爱的小雀斑"，而丹尼丝对史蒂夫的第一印象是，他的笑容很灿烂。

"这是我真正意义上的第一次亲密关系。"丹尼丝说道。和史蒂夫初次见面时，她刚刚结束了一段不幸的婚姻。史蒂夫则说："和丹尼丝相处似乎非常轻松，毫不费力。"

但即使最恩爱的夫妻也知道，维持婚姻需要很多努力，尤其是当梦想之路满是荆棘时。史蒂夫和丹尼丝就遭遇了这样的困境。在结婚一年之后，他们意识到他们可能没法生孩子。

之后的几年里，他们花了很多钱尝试试管婴儿，但仍然没有成功，丹尼丝还经历了几次流产，这给他们的婚姻带来了严重的压力。后来，经过心理咨询和婚姻治疗，他们学会了如何在困难时期交流各自的感受和彼此支持。最终，他们有了一个孩子。

当史蒂夫和丹尼丝来到爱情实验室时，史蒂夫 38 岁，丹尼丝 34 岁，他们的儿子洛根已经 2 岁了。丹尼丝现在是全职主妇，且将迎来第二个孩子，肚子里的胎儿已经 4 个月了。

尽管结婚已经 8 年，史蒂夫依然是个理想主义者，他会毫不迟疑地说出自己想要什么和不想要什么。他喜爱户外探险、弹钢琴、为社区提供志愿服务，并且希望多花时间发展自己的爱好。但最近，他感觉自己被无休止的工作和家庭生活困住了。

这种永不停歇的生活方式也给丹尼丝造成了困扰。丹尼丝的母亲刚刚生了重病，丹尼丝每天需要照顾母亲和孩子，她感觉自己被生活压垮了，她很担心自己会再次流产。她想知道史蒂夫会不会在生理上和情感上都支持她。最近，她不太确定了，她和史蒂夫的关系变得紧张起来，双方产生了严重的争执，这引起了他们的担忧。

"我们时不时地就会争吵，"史蒂夫说，"尤其是当我们面临压力时，比如付账单或等待产检结果时。"

丹尼丝表示同意："我们会大爆发。"

为了更深入地了解他们，我们请他们回忆最近的一次争执。丹尼丝说她记得有一天早上，她必须带母亲去看医生，所以希望史蒂夫去保姆家接洛根。但当时史蒂夫有其他安排，他当天下午准备去一个癌症支持小组做志愿者，去照顾一个父亲正接受化疗的孩子。于是，他们就有了争执。以下左栏是他们第一次对话的部分摘录。

对话	评价
丹尼丝：我有点生气，感觉很沮丧。你想帮助那个正经历危机的家庭，但你自己的家庭也面临很多问题。我们有自己的孩子要照料，而且要保住我肚子里的这一胎，还要照料我母亲。	+ 表达沮丧 – 试图让对方感到内疚 – 没有表达自己的需要
史蒂夫：我觉得你说的每件事在短期来看都很合理。我考虑的是长期目标。我们讨论过双方的梦想，如做志愿者、弹钢琴以及和洛根一起玩耍。做志愿者是我梦想生活中很重要的一部分。如果我不去做志愿者，这只会让我觉得，"我剩下的就只有工作了"。我意识到日复一日的各种需要让我身陷困境。我很有激情，但每次都被当头一棒。	+/– 开始肯定对方，但没有真正回应对方的诉求 + 表达自己的需要 – 埋怨 – 批评
丹尼丝：你说你身陷困境，那我想问，我也是你的困境吗？这是其一。其二，你本可以告诉那个男孩的母亲你不能去参加活动。我的意思是，周末我就发现母亲生病了，当时我也有志愿者工作，但我立即打电话告诉负责人我去不了，然后取消了工作。所以，我对你的做法真的有点失望。我知道你的梦想，我也知道实现梦想对我们来说都很困难。但我在这件事上是个什么样的角色呢？我在阻碍你实现梦想吗？我是你梦想的一部分吗？	+ 表达恐惧 – 埋怨 + 表达不安全感和需要

史蒂夫：我同意你的看法。我们可以坐下来讨论，我们目前的日程是否还可以安排志愿者工作？我们真的可以讨论。	+ 毫无防御地回应 − 未回应对方对安慰的需要
丹尼丝：但这种情况一直不断发生。你没有足够多的时间……	− 忽视对方的回应
史蒂夫（打断对方）：我想……我很抱歉，你继续说。	+ 未打断对方
丹尼丝：不，我很抱歉，请你继续说。	+ 表达倾听的意愿
史蒂夫：我想我们需要梳理一下这个问题，我有些想法，或许你愿意听一听。	− 试图在未听对方说话之前就结束对话
丹尼丝：是的，我们需要把对话集中在志愿者工作这个问题上。	+/− 表示愿意和对方一起努力，但放弃了让对方倾听自己的机会
史蒂夫：我想，从长远来说，我们需要自问"这些志愿者工作有用吗？"。当然，在解决生活中的紧急需要时我的确做得不好，我可能没有和你说清楚。我没有告诉你，那天下午我是准备去接洛根的。抱歉我并没有告诉你。	+ 为问题承担责任
丹尼丝：我了解。因为我心里也在想，那可是我母亲！我的意思是，我知道其他家庭正在经历危机，但问题是，你知道……	+/− 表达更多感受，但又开始抱怨
史蒂夫：但我偷懒了，没去接洛根。	+ 肯定对方的感受 + 承担责任
丹尼丝：我想我太情绪化了，我很难直接对你说，"你的所作所为让我感到不开心"。	+ 承担责任 + 解释自己的感受

史蒂夫：我想，当这些事情再发生时，我们需要一起找出问题所在。或许你可以和我说，"史蒂夫，我们在晚饭时对待洛根的方式可能有点问题。我不知道怎么办，我们需要坐下来聊聊"。	– 在未处理情绪时开始尝试解决问题 – 把责任推给对方
丹尼丝：我同意。但令我焦虑的是，我们的思维方式不一样。所以，我担心我们没有足够多的时间……	+ 表达担忧
史蒂夫（打断对方）：你如果说"史蒂夫，有个问题我们得聊聊"，那根本没问题。我也不会说"我们3天之后再来讨论这个问题"。问题是，我非常愿意照顾洛根，我只是从来没有表达这一点。	– 打断对方 – 再次试图把责任推给对方 – 防御
丹尼丝：我猜不出你的想法。	– 防御 – 轻微地抱怨
史蒂夫：好吧。我需要表达出我的想法。我只是不擅长谈论这些话题。	+ 承担责任 – 再次在双方没有充分表达自己的感受之前中止对话
丹尼丝：对我来说不止如此。我感觉志愿者工作越来越多地占据了你的时间。这让我产生了很多怨恨，我有些不知所措，因为我还要处理其他事情。	+ 继续表达自己的感受，尽管过程并不顺利

忽视伴侣的梦想

在这次对话中，史蒂夫和丹尼丝很好地回避了冲突，并不像他们在日常生活中那样"一点就炸"。他们虽然进行了艰难的对话，但都很平和，没有相互攻击，也很少防御彼此。这一点非常好。

但他们的关系没有任何改善。和前文提到的迈克和玛丽亚一样，史蒂夫聚焦于解决眼前的问题（他的志愿者工作日程安排），而忽略了他和丹尼丝的冲突背后真正的问题所在。真正的问题在于，在当下的困难时期，丹尼丝需要史蒂夫的安慰和支持。史蒂夫想要确保丹尼丝尊重他的梦想，即使生活的负担在不断加重，他仍然可以体验愉悦和参与冒险。在对话中，双方都表达了自己的需要，但都没有很好地回应对方。

由于自己的情绪被史蒂夫忽略了，丹尼丝很沮丧，而且完全被这种沮丧淹没了。当她听到史蒂夫把他们的生活形容成"困境"时，双方的矛盾到达了顶点。心率监测器显示，当时她的心率从 95 次 / 分钟上升到 115 次 / 分钟。

"一旦心率超过 100 次 / 分钟，人们就很难集中注意力。"约翰解释道。因此，当时丹尼丝无法回应史蒂夫。事实上，史蒂夫曾经 3 次尝试承认错误，而丹尼丝从来没有对他为修复双方关系所做的努力表达认可。史蒂夫没有回应她的感受，使她感觉很沮丧，因此她无法继续和他讨论。

随着对话的进行，双方的关系没有任何改善。我们很清楚地看到他们的关系是如何变得紧张以及双方是如何爆发的。设想一下：当一方在家照顾孩子或急于带母亲看医生时，双方进行这种对话，会是怎样的情形？

爱情实验室的建议

"对你们来说，重要的是双方要认可并尊重彼此冲突中包含的梦想和感受。"约翰对史蒂夫和丹尼丝说。为了应对各种危机，夫妻双方会试图将冲突搁置，但这并不会使冲突消失。如果双方的梦想和感受得不到认可和尊重，那么冲突会以令人沮丧甚至令人痛苦的方式重新浮现。

那么，发现彼此被隐藏的梦想的最佳方式是什么呢？答案是双方都退后一步，深入了解彼此的立场。例如，一方可以问对方"为什么这个问题对你很重要？""这个问题背后有我应该了解的故事吗？这个问题和你过去的经历有关吗？"等问题。

一旦各自都有机会表达自己的梦想且感到被理解，就能找到更多相互妥协的灵活空间。双方都必须通过对话感受到自己的梦想在某种程度上得到了尊重，而这种对话并非轻易就可以开展的。这就是为什么夫妻双方每周定期安排对话时间很重要。夫妻双方每周至少应该安排一两个小时的谈话时间，在这段时间里，不要有他人的打扰，双方分享彼此的想法、感受和梦想。

我们建议史蒂夫和丹尼丝练习开展此类对话，对话的主题仍然围绕着志愿者工作日程安排，同时，我们还鼓励他们发现冲突背后隐藏的个人梦想。

和我们以前建议其他夫妻所做的许多练习一样，我们建议史蒂夫和丹尼丝轮流扮演发言者和倾听者的角色，一方说话时，对方负责倾听。双方都不要为他们当天的所作所为进行辩护，也不要辩论，更不要说服对方。

"把这次对话想象成一个发现事实而非解决问题的过程。"约翰说。一旦双方开始谈论冲突背后的意义，他们就会发现自己比较容易解决近期的问题。约翰接着说："当夫妻双方开始练习时，就可以真正地打开心扉。一旦放松下来，他们的梦想就会浮现。双方会更加理解彼此，也更容易互相妥协。"

以下左栏是史蒂夫和丹尼丝第二次对话的部分摘录。

走进爱情实验室 THE LOVE LAB

对话	评价
史蒂夫：对于我参加志愿者工作这件事，你最担心的是什么？	+ 用询问对方感受的方式开场

丹尼丝：你对于帮助另一个家庭应对危机好像更积极，你并不关注自己家里正发生的事情。我怀孕了，而且我母亲生病了。	+/- 开始表达自己的需要，但包含抱怨
史蒂夫：你好像对我把家庭排在志愿者工作之后有点敏感。	+ 重述对方的感受
丹尼丝：是的，我感觉我们的家庭必须配合甚至服从你生活中的其他工作。你好像不会和别人说"对不起，我做不到"，但你却经常对我说"不"。我有时候会想：你这不是本末倒置了吗？你的家庭难道不是你必须履行的责任吗？	+/- 试图表达自己的需要，但仍在抱怨对方
史蒂夫：当我这样安排的时候，你感觉怎样？	+ 很好地回应，没有防御
丹尼丝：我理解你为什么可以对我说"不"，因为毕竟我是你最亲近的人。因为你知道我们都很爱你，并且我们俩试图彼此支持。但我有时也想：如果我不希望你这样呢？大部分时候，我可以自己处理问题，但当我面临情绪危机时，我很容易崩溃。	+ 表达对对方处境的理解 + 表达爱 + 最终表达了自己的需要
史蒂夫：你担忧的仅仅是这件事，还是未来有可能发生的其他事呢？	+ 用提问的方式关心对方的感受
丹尼丝：其实，我并不担心你会离开这段关系，我只是担心我是否会变成你的负担。你想要追逐梦想，这没问题，但我们的日常琐事又算什么呢？对你来说，相比旅行、皮划艇、志愿者工作，我们的日常生活会更重要吗？我真的在你的人生计划中吗？我希望自己是你生命中最重要的人，但有时候我并不确定。	+ 诚实地提问 + 坦陈自己的不安，表示自己需要安慰

史蒂夫：你好像觉得我把你等同于生活中的鸡零狗碎了，你很害怕。那我怎样做可以让你更好地理解我呢？和你在一起是我人生梦想中的一部分。	+ 表示自己真的在倾听 + 安慰 + 询问对方的需要
丹尼丝：比如，我们讨论过为彼此留出时间。我很喜欢你一直在周五下午带洛根出门。我知道这与我无关，但这让我感觉我参与了你的生活。周五从中午 12 点到下午 5 点，你会和洛根在一起。	+ 得到了安慰，开始解决问题 + 告诉对方自己的需要 + 表达感激
史蒂夫：好的，我会尽量想一想我还可以为你做什么。	+ 认可对方的需要 + 承担责任
（双方互换角色。史蒂夫开始谈论志愿者工作对他来说多么重要，以及他希望自己怎样度过一生）	
史蒂夫：我总是在想：为什么我们要努力工作？为什么我们的生命中有如此多的痛苦和愤怒？这就是为什么我会用"鸡零狗碎"这个词。我知道，当我和你一起徒步爬山、划皮划艇或弹钢琴时，我很开心。我为什么不能一直享受这种喜悦呢？志愿者工作对我来说也是一样的，这是一种脱离现实的方法。所以，当我发现一旦有事情阻碍我去做志愿者工作时，我会觉得自己好像会错过某些重要瞬间。	+ 表达自己的梦想和希望 + 安慰对方，并表达对方是自己梦想的一部分
丹尼丝：如果你错过了某些让你觉得重要的事，你会觉得自己被生活欺骗了吗？	+ 好问题；没有防御

史蒂夫：我只是感觉我必须让生活处于平衡状态。上次我们一起去爬山是什么时候？我想我已经忽略自己的生活太久了，以至于当你对我说"还有另一件要你处理的事情"时，我会有很大反应。这也是为什么我想要讨论满足你的需要和我的梦想之间的平衡这个问题。二者是可以共存的。我希望你和我一起去印度，一起划皮划艇，而不是待在家里反复检查厨房的地板上有没有污渍。当我谈起印度的火车之旅时，我忘了告诉你"我想要和你在一起，如果你不在，我也不想去了"。我只是没有表达清楚。我想要带你和洛根逃离这种生活。我想去印度，想弹钢琴，我希望我们三个一起下楼打鼓、弹钢琴、跳舞。我希望我们三个都开开心心的。但每个月的贷款阻碍了我实现梦想。

+ 诚实地表达自己的需要
+ 表达理解自己感受的视角
+ 表达想要靠近对方的需要，表达对方是自己梦想的一部分
+ 安慰对方自己想要和她在一起
+ 表达对日常生活的沮丧

丹尼丝：我只是在想，我们必须给孩子换尿布、付账单以及拖地，而你希望日常生活中完全没有这些琐事吗？

+ 表达自己的担忧
+ 询问对方的想法和感受

史蒂夫：我就是这种感觉，我已经忽略梦想太久了，我每天都被日常琐事困扰。我想，如果我们去公园散散步或者来一次短途旅行，情况可能会变得好一点儿。回来后，我就可以踏实地做家务了。

+ 表达自己的感受
+ 为自己的感受负责
+ 表达妥协的愿望

丹尼丝：我理解。

+ 表示理解

史蒂夫：我不是不想做家务，我只是已经记不起上次坐火车是什么时候了。我忽视这样的生活太久了。

+ 表达自己的感受

在这次对话过程中，我们对史蒂夫和丹尼丝彼此展现出的爱意印象深刻。史蒂夫愿意表达自己的梦想以及倾听丹尼丝的感受，他做得很好。

史蒂夫说他并不需要立即找到解决方案，这让他感觉很放松。"我认为我不一定必须去某个地方，我也可以自由地探索我的想法。"他解释道，"或许这才是真正的内心探索。"

另外，在这次对话中，双方都积极地回应对方，并更加乐于接受对方的影响，因此他们用积极的态度完成了对话。

不过，丹尼丝仍然有些担忧。她了解到了史蒂夫对她的感情，但还需要真正地确认他没有被困在婚姻关系中。"我还是很担心我会阻碍他实现梦想。这对我来说也不好。实际上，我们连去公园散步的时间都抽不出来。"

确实如此。他们的孩子洛根才两岁，对他们来说，去公园野餐几乎相当于执行一项重大的军事任务。不过，我们告诉他们，这虽然是每个家庭在孩子小的时候必须经历的事情，但在这段时期，他们俩必须仍然尊重彼此的梦想，即使这些梦想无法立即实现。

"如果你们彼此都觉得这件事很重要，或许你们可以每天完成一点点，然后慢慢地实现它。"朱莉对他们说道，"划皮划艇或许和去印度旅行不同，但它们都是史蒂夫梦想的一部分。丹尼丝，史蒂夫希望和你分享他的梦想，他不会放弃的。"

史蒂夫提出的印度火车之旅似乎是个好主意，这样，他们既可以外出旅行，又可以兼顾日常生活。如果史蒂夫可以用行动表示他愿意分担日常养育孩子和照料老人的职责，丹尼丝会觉得自己得到了尊重，进而获得安慰。

对史蒂夫和丹尼丝来说，解决问题的关键是在冲突中寻找机会，实现梦想。"或许你们在每次冲突发生时做不到这一点，尤其是当你们的心率很快时。"约翰提醒道，"当发生这种情况时，你们或许会被情绪淹没，难以有效地进行交流。"

所以，他们应该暂停，然后另找不会被打扰的时间再讨论。

一年以后

之后，史蒂夫和丹尼丝度过了愉快的一年。他们又迎来了一个健康的儿子；丹尼丝的母亲也逐渐康复了；他们还在海湾附近买了一座带有大车库的房子，这样他们就可以把所有的皮划艇设备都放在里面，随时去划皮划艇。

史蒂夫和丹尼丝都辞掉了志愿者工作。不过，丹尼丝说，她希望等洛根长大一点儿再继续去做志愿者工作。"或许等洛根长大一点儿，史蒂夫可以和我一起去救济所，参与分派食物的工作。"

另外，他们开始带着孩子去户外活动。洛根已经开始学着划皮划艇、徒步以及穿雪鞋行走了。"我们暂时不会去印度，我发现和孩子在一起有很多事情可以做。"史蒂夫说。

与此同时，他们在满足日常生活需要之余，一直在努力彼此交流。现在，他们每个周日的晚上都会进行对话，讨论接下来一周的安排。对此，丹尼丝备感安慰："这样一来，我们可以提前对之后可能会发生的冲突进行安排。比如，当我说起我在晚餐时要去看医生时，史蒂夫会说'我能帮忙做些什么？'。"

不过，丹尼丝说，她有时候仍然感到疲惫不堪，这使她很担忧自己的婚姻。但她又补充道："我们可以把孩子交给母亲照看，这样，我和史蒂夫就可以独处了。每次想到我和他彼此可以重新产生联结，我就觉得自己无比幸运。"

何种情境能激发伴侣彼此分享梦想

研究显示，所有的婚姻都存在永恒的冲突，这些冲突永远不会消失。不同的夫妻存在的冲突各不相同，有些是金钱或家务方面的冲突，有些是信仰或育儿方面的冲突。

由于永恒的冲突不会消失，因此夫妻双方要找到彼此理解、对话和妥协的方法，从而与它们共存。如果做不到这一点，双方可能会陷入僵局，双方会坚持各自的立场，互不妥协。一直这样并不好，这会导致双方产生沮丧、憎恨和愤怒等情绪，从而损害彼此的关系。

夫妻双方如何才能避免陷入僵局或打破僵局呢？最佳方式之一，就是双方在异见之中寻找梦想。梦想指的是各自的个人希望和愿景，它们与个人的生命体验密切相关，对各自来说是最有意义的事。这些梦想或许和个人身份有关，如家庭地位、种族、宗教，也可能与个人最深刻的人生哲学有关，包括权力、爱、忠诚。当谈论这些梦想时，人们或许会说"这就是我的处事方式"或"我一直都是这样认为的"。

不过，僵局和梦想之间的关系有时很难分辨。这是因为，梦想深埋在人们的内心最深处，当谈论梦想时，人们会感觉很脆弱。我们把梦想定义为"婚姻冲突的土拨鼠"。土拨鼠一般生活在地下，只有在确认地上绝对安全以后，它们才会从地下钻出来。只要感觉到情况有一丝不妙，它们就会立即逃开。**同理，只有在感觉安全时，夫妻双方才会分享彼此的梦想。**而在发生冲突时，双方只会想到自己。

梦想虽然是隐藏的，但这并不意味着夫妻双方无法对话。举个例子，假如一对夫妻有共同账户，一方发现对方没有准确记账。那么，他们争论的结果就不仅仅是在支票上写下数额，因为所涉冲突与各自关于权力、忠诚、诚实、安全感和自由等价值观有关。

只要他们仍在就支票本身进行探讨，他们就很难袒露自己，也听不见彼此关于梦想最深刻的感受。而要想创造一个可以安心地讨论梦想的环境，双方需要停止争论问题，并用全新的视角看待对方的立场。或许一方会说"我不知道这对你这么重要"、"难怪你不肯妥协"或"现在我知道你为什么必须坚持立场了"。结果，他可能会发现自己正处在一个更好的立场上来谈论彼此可以妥协的地方，而且应对起来更加灵活。

◇◇　**测试　你们的冲突中隐藏着哪些梦想**　◇◇

以下列举了一系列梦想清单，夫妻双方各自在自己觉得重要的梦想后面打钩。

现在，双方回想一下最近发生的一次冲突，并思考梦想和这次冲突是否有关系。然后，各自写下自己关于冲突的一些想法，接着彼此分享。这有助于双方讨论冲突背后的梦想，从而找到共同点。

示例：

梦想	一方	对方	梦想与冲突的关系
自由	√		夏季度假（我真的想和你去度假，而不想去你老家）
了解我的家庭		√	夏季度假（你陪我一起回老家参加家庭聚会，对我来说意义重大）

测试：

梦想	一方	对方	梦想与冲突的关系
自由			
享受平静			
接近大自然			
探索自我			

冒险

公平

尊重

回忆过去

疗愈

了解家庭

成为我自己

享受掌控感

面对衰老

探索自我创造性的一面

克服旧伤

变得更有能力

寻求原谅

探索失去的自我

克服个人问题

享受秩序感

提高做事效率

享受当下

真正地放松

反思自己的生活

为重要事项排列优先级

完成某些重要事项

探索自己的身体

变得更有竞争力

旅行

享受安静

赎罪

罗列重要事项

翻过生命中的某一页

对某件事告别

寻找爱

其他

● **练习　学会在冲突中回应彼此的梦想**

　　1. 当冲突产生时，利用以上测试找到彼此冲突背后隐藏的梦想

　　2. 指定一方为发言者，对方为倾听者

　　3. 发言者告诉倾听者自己的梦想。倾听者的任务是利用以下问题从发言者身上获得更多信息：

- 对你来说，这个梦想为什么重要？
- 梦想中最重要的部分是什么？
- 为什么这个部分最重要？
- 这背后有什么故事吗？可以告诉我吗？
- 你的成长经历和这个故事有关吗？

- 可以告诉我你对梦想的感受吗？

- 你还有其他被忽略的感受吗？对此，你想要做什么？

- 你最大的梦想是什么？

- 如果你得到了你想要的东西，你会怎么样？

- 你的梦想背后有更深层的目的或目标吗？

- 这与你的信仰或价值观有关吗？

- 如果你的梦想没有得到尊重，你会感到恐惧吗？你会想到一些不好的事吗？

在此过程中，倾听者不应对发言者的梦想发表意见，更不应和对方争辩。也就是说，双方都不应利用这个练习来说服对方。

4. 当发言者说完，双方交换角色，继续练习

5. 一旦对方坦白自己的梦想，要试着寻找更加灵活的方式来尊重对方的梦想

6. 如果发现自己很难支持对方的梦想，可以尝试以下方法：

- 把对方的梦想用两个同心圆画出来（见图 5-1）；

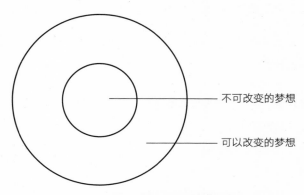

图 5-1   可以改变或不可改变的梦想

- "不可改变的梦想"是自己无法支持的对方的梦想，如丹尼丝无法支持史蒂夫去印度的梦想，因为他们的孩子还小；

- "可以改变的梦想"是自己可以支持的对方的梦想，如丹尼丝可以支持史蒂夫进行一些小的冒险，如在家附近的水域里划皮划艇，或者和史蒂夫一起梦想孩子长大之后的冒险旅行，因此，试着把外圆画得更大一点儿，以寻找彼此更多的共同点并尊重对方的梦想；

- 如果在画外圆时有困难，可以思考以下几点，并问问自己："我愿意付出多少？"

  第 1 级：我可以尊重你的梦想。

  第 2 级：我可以尊重你的梦想，也愿意了解更多。

  第 3 级：我可以在某种程度上从经济上支持你的梦想。

  第 4 级：我可以在某种程度上参与你的梦想。

  第 5 级：我准备好了。我们开始梦想之旅吧！

- 要意识到这是一个双方都要妥协的问题，而且妥协从来都不是完美的。双方都必须付出，这样才能得到回报。而且，双方都必须感觉到自己的梦想得到了理解、尊重和重视。

06

伴侣对我的困境冷漠又烦躁

在人生最艰难的时刻保持联结，
会让彼此不再感到孤独，
而是把对方看作同一战壕的战友，
并给予更多的爱意。

问题

· 凯文很抑郁并开始退缩；

· 凯文和苏珊娜都感到很孤独；

· 为了和凯文产生联结，苏珊娜开始挑剔并想要控制他；

· 凯文拒绝讨论自己的悲伤；

· 凯文最终决定直面自己的感受，但这让苏珊娜开始觉得不舒服，她想转移话题。

解决方案

· 治疗凯文的抑郁；

· 双方互相倾听彼此的感受；

· 双方互相询问有助于鼓励彼此分享情绪的问题；

· 关注苏珊娜的需要。

与苏珊娜初次相识时，凯文刚刚搬到波士顿，在一家写字楼兼职做清洁工。他到现在还记得，她当时留着时髦的发型，穿一件法兰绒上衣，他们闲聊了一会儿。当时，他正在打扫苏珊娜的办公室，她灿烂的笑容令他印象深刻。两年之后，他们再次相遇。

"当时，我正参加一个朋友的艺术展开幕式，凯文走进画廊看到了我，然后立刻喊道，'苏珊娜！苏珊娜！是我，凯文！'我当时心想：'请问你是谁啊？'"苏珊娜笑着回忆当时的情景，"不过，我觉得他人不错。"

过了两年，两人在一位共同好友的节日派对上又相遇了。这一次，凯文给苏珊娜留下了很深的印象。苏珊娜说："他给人的感觉非常温暖，我记得当时我看着他的眼睛，觉得他非常迷人。我完全被他吸引住了。"

第二天，苏珊娜给凯文寄了一盒樱桃巧克力，并附了一张小纸条，上面写着："凯文，认识你我真的很开心。"

"我一整天都没有打开那个盒子，"凯文说道，"我一直盯着它看，还不停地感叹。"

如今，苏珊娜 35 岁了，凯文 42 岁了。

回顾过去，苏珊娜认为凯文一直以来的乐观和友善使他们的爱情一直都保持着浪漫。结婚 7 年后，他们说想重拾曾经共同拥有的激情与浪漫。"当我们彼此产生联结的时候，我感觉一切都棒极了，"苏珊娜说，"我们之间有很多幽默和快乐！"

但如今，他们失去了这种联结。他们觉得彼此在生理和情感上都疏远了，这让他们都很痛苦。

凯文说："我们好像不再是一个整体了。"

约翰问道："发生了什么事？"

凯文条件反射般地立刻回答道："是付账单的问题。"

"我认为不是。"苏珊娜小声说道。

"好吧，那就是每天早晚都要出去遛狗。"凯文语带讽刺地说，好像最简单的日常活动都让他很烦躁。

凯文现在是一名律师助理，苏珊娜则是一名言语治疗师。他们没有要孩子，生活颇为舒适。但是，凯文仍然很担心财务问题。多年来，他一直试图说服自己和苏珊娜，如果能多赚钱，少花钱，他可能就不会感到无助和疲惫了。

"当凯文觉得他没有赚到足够多的钱时，他就开始退缩。"苏珊娜说道。凯文不说话了，总是一个人待着，并开始变得烦躁。

　　凯文后来解释说，当他一个人待着时，短时间内他的感觉会好受一点儿。"但慢慢地，我开始出现问题，"他补充道，"我的办事效率开始下降，我对一切都很愤怒，比如对家里的狗、猫，甚至对苏珊娜。"

　　苏珊娜也遇到了类似的困扰。她患上了一种罕见的血液病，偶尔会感觉身体极度疲劳。在生病时，她很想让凯文照顾自己，但由于他情绪低落，并没有帮到忙。苏珊娜承认，当面对凯文的退缩时，她有时候会故意和他大吵一架。她会在他开车或做菜时指指点点。通过这种方式，苏珊娜觉得自己和凯文有了联结，自己不再那么孤独。不过，她这样做的最终结果却适得其反。她不但没有与凯文变得亲近，反而让他更加暴躁，更孤僻。

　　尽管他们有时还彼此进行联结、对话、分享内心深处的感受，但次数越来越少了。同时，他们都觉得自己越来越难过，越来越孤独，彼此都不知道未来的路该怎么走。

　　在对他们的调查问卷和对话进行评估后，我们认为，凯文的消极情绪可能是问题的根源。

　　"我可以实话实说吗？"朱莉问凯文，"我认为你患有抑郁。在某种程度上，抑郁抑制了你的能力，导致你自我封闭，并在双方关系中退缩，而且还让你觉得自己很失败。"

　　朱莉继续说道："这很可能会毁了你的婚姻。（转向苏珊娜）苏珊娜，我可以看出你对凯文的爱，但你感到非常困惑。你向凯文表达爱意并希望和他对话，但你没有得到多少回应。所以，你会抱怨和挑剔，但这并没有用。说实话，你遇到了阻碍。"

　　朱莉补充说，抑郁就像夫妻之外的"第三者"，会让他们产生无助感。除非他们都愿意谈论这个问题，否则他们的婚姻关系一直都不会得到改善。

　　一开始，凯文对此表示抗议，他认为说他抑郁是在污名化他的问题。我们反复向他解释，抑郁并不是他的错，抑郁是由大脑中某些化学元素的不平衡导致的，可以通过心理咨询和精神药物进行治疗。另外，我们也提醒他，和苏珊娜进行对话有助于修复他们的关系。事实上，如果可以学会在人生最艰难的时刻彼此保持联结，他们就不会再感到孤独了。他们会把对方看作同一战壕的战友，一起面对凯文的抑郁和苏珊娜的疾病，然后回馈对方更多的爱意。

以下左栏是凯文和苏珊娜来爱情实验室进行的第一次对话的部分摘录。

走进
爱情实验室 THE LOVE LAB

对话	评价
凯文：苏珊娜，我抑郁了。我很抱歉。这让我们产生了隔阂。我坚持不下去了。	＋诚实地表达自己的感受 ＋承认抑郁给对方造成的影响
苏珊娜：亲爱的，你觉得你父亲曾经抑郁过吗？	＋/－表达兴趣，但通过转移话题的方式退缩了
凯文：是的，我想我父亲也有抑郁。	－/＋回应对方
苏珊娜：你觉得是什么原因导致的？	－继续偏题
凯文：因为他的人生经历吧。（叹了口气，然后陷入沉默）	－似乎没有感到对方的鼓励，并不打算告诉对方原因
苏珊娜：我想很多人都有那样的感觉。我也有。	－弱化问题；好像认为一切"都不是大事" ＋表达支持，告诉对方自己能理解
凯文：我感觉一切都很假。	＋表达更多的感受
苏珊娜：为什么？	＋表达自己感兴趣

凯文：因为我什么也没做。你知道我想写作。但问题好像是，我真的想写自己的生活吗？我甚至都不想活下去。	+ 表达更多的感受
苏珊娜：你给自己太大压力了！为什么会这样呢？	+/- 通过提问表达自己在倾听，但陷入了理智层面，没有分享自己的感受
凯文：我不知道。我感觉我没动力了。我的人生一定缺少了什么。过去的一周对我来说太难了。我非常疲劳，疲惫不堪。	+ 没有试图分析原因，而是继续分享自己的感受
苏珊娜：是的，我很担心你。	+ 分享自己的感受，承认自己在乎对方
凯文：我告诉过你，我觉得我老了。	+ 更加坦诚
苏珊娜：别这样。亲爱的，你知道我是怎么想的吗？我觉得我们一直都缺乏运动。你以前非常有活力。我想我们应该一起做点什么。我想我们应该买辆双人自行车，我知道很贵，但是……	− 弱化问题，试图尽快找到解决方案
凯文：很多人买了以后都不骑。	− 表示抗拒，因为现在解决问题太早了
苏珊娜：好吧，那我们可以租一辆。	− 忽视对方的抗拒，继续试图解决问题
凯文：我感觉我很抑郁。我感觉房子里好像住了一只很大的大猩猩。	+ 再次陈述自己的感受，告诉对方问题有多严重
苏珊娜：我完全认同这一点。多跟我说说吧。抑郁的感觉是怎样的？你感觉无助、沉重吗？	+ 很好地回应，请对方描述自己的感受
凯文：很严重！你看看我弟弟，他多有活力啊！	+ 回应，分享自己对弟弟的感受

苏珊娜：你是这样觉得的吗？你给他打电话的时候，他说了什么？	– 问题指向对方的弟弟，而不是他的感受，退缩
凯文：他什么也没说。我不知道。我现在什么也干不了。我列了我根本完不成的工作清单。	+ 把话题带回正轨
苏珊娜：你觉得工作对你来说有挑战吗？	+/– 很好的问题，但又开始分析了，并使对方无法表达自己的感受
凯文：有很大的挑战。但我并不是无法胜任，我只是觉得现阶段我对生活没有任何热情。	+/– 稍微提醒对方自己并不想讨论这个问题，但并没有告诉对方自己需要她与自己共情 + 进一步敞开心扉
苏珊娜：所以你对你现在做的任何事情都不感兴趣，是吗？	+/– 回应对方的感受，表示自己在听
凯文：我只是觉得我没有能力做任何事。我感觉自己很无助，这很要命。	+ 表达更多的感受
苏珊娜：你的这种感受持续多久了？	+ 很好的问题
凯文：可能从刚开始记事起我就这样了吧。	–/+ 语带讽刺，目的是希望对方知道问题有多严重
苏珊娜：在我出生之前？！那你什么时候不抑郁，而且感到快乐？	+ 懂得对方的幽默 +/– 所提问题代表自己对此感兴趣，却转移了焦点
凯文：我刚搬过来的时候还不错。那时候我感觉很快乐。	+ 回应
苏珊娜：为什么？	+/– 很好的问题，但仍然有太多分析的意味

凯文：我感到脚上好像绑了沙袋，我把它们拿掉了，我好像飘了起来。我说不清楚。现在，我感觉我会永远处在阴霾之中。如果不是有人告诉我，或许我还可以继续欺骗自己。但现在你也知道了，我不知道该怎么办。

+ 分享自己的感受
+ 告诉对方自己的需要，希望双方共同面对困难

彼此回避强烈的情绪

在对话结束以后，苏珊娜说她终于理解为什么凯文会疏远她，她也感觉放松了。与此同时，凯文则表示他对苏珊娜根本不生他的气感到惊讶："她为什么不对我说，'你这个混蛋，原来是你一直有问题'？"

事实上，苏珊娜非常担心凯文，她在对话中展现了这一点。约翰注意到，苏珊娜提了一些有意思的问题，在回应凯文时也充满感情，这都是她爱凯文的表现。不过，我们认为她问的问题和给出的回应仍然存在问题。例如，苏珊娜倾向于通过偏题来回避凯文的情绪。她提到了凯文父亲的抑郁以及凯文需要运动等问题，虽然这些问题和凯文当下的状况有关系，但此时谈论这些问题会阻碍凯文分享自己的感受，进而影响双方建立亲密的关系。

另外，苏珊娜进入问题解决模式也过快。例如，她曾提到买双人自行车，这或许会有帮助，但凯文给出的回应说明他还没有准备好解决问题。他最希望的是苏珊娜能花更多的时间倾听他的感受。一旦他完全确定她能理解并接受他的话，他才愿意进一步谈论解决方案。苏珊娜可能对凯文的情绪感到完全不适应，不过，一旦她知道在凯文处理情绪时自己应该陪伴他，她就会与凯文重新建立联结。这很可能有助于凯文康复。

还有，苏珊娜的开放式问题显示了她很关心凯文的问题。她尽力想把凯文

从消极情绪中拉出来，但她的提问方式可能有问题，如她经常会问凯文"为什么？"。其实，她问的这类问题是出于理性思考，并没有投入感情。他们现在不需要讨论凯文的问题，而是需要彼此分享自己的感受。不过，她问的另一个问题"抑郁的感觉是怎样的？"，很好，凯文有可能会给出有用的回答。

我们还注意到，凯文和苏珊娜从来没有讨论过苏珊娜的感情和需要。考虑到凯文的抑郁问题，这很正常。不过，我们提醒他们，即使双方关系产生了危机，他们仍然必须认可和顾及彼此的需要。

爱情实验室的建议

凯文愿意讨论自己的抑郁问题，而苏珊娜愿意倾听，这是他们彼此可以更加亲近的信号。因此，我们给他们提出了以下 4 条建议。

深入倾听彼此强烈的不良感受

"如果一方非常悲伤和沮丧，那么他很难相信对方真的愿意帮助自己。"约翰对他们说，"但只要双方都在场且彼此共情，这就足够了。想象一下，你们是同一枝头上的两只鸟，你们一起审视整个世界，一起叽叽喳喳。这种共同陪伴感已经足够了。"事实上，夫妻双方试图尽快解决问题会影响亲密关系。"记住，此时你们的目的并不是修复彼此的感情，而是减少彼此的孤独感。"约翰建议道。

通过问对方的感受来关心其情绪而非思想

与其问对方"为什么？"或"怎么样？"，不如询问对方的感受，因为"为什么？"或"怎么样？"等问题只会导向分析。例如，可以问对方"你现在感觉怎么样？"或"这种体验最难的部分是什么？"。

关注苏珊娜的需要

苏珊娜在讨论凯文的需要时很容易扮演照顾者的角色，继而无法表达自己的需要，这对双方及其婚姻都不好。事实上，在接受咨询时，凯文曾告诉苏珊娜，她在情绪上对他的需要使他对双方关系产生了更多参与感。所以，除了讨论凯文的问题，双方也需要讨论苏珊娜的需要，如她的担忧、目标和渴望各是什么，以及凯文怎样做才可以安慰她。

治疗凯文的抑郁

我们督促凯文尽快预约医生或心理咨询师，以便治疗他的抑郁问题。他可以选择心理咨询或抗抑郁药物治疗，也可以选择联合治疗。我们重申，抑郁通常是由大脑中化学物质的不平衡所致，向他人求助治疗抑郁并不可耻。

后来，在第二次对话中，我们请凯文和苏珊娜继续讨论凯文的抑郁问题，并牢记我们的建议。以下左栏是这次对话的部分摘录。

走进
爱情实验室 THE LOVE LAB

对话	评价
凯文：我在想，这会花多少钱？	+ 表达担忧
苏珊娜：（微笑着抬起头）	+ 非言语性的支持
凯文（微笑）：怎么了？别这样嘛，我当然要考虑这个问题。	+ 接受对方的支持

苏珊娜（微笑）：当然。	+ 表示接受，尽管对方很节俭
凯文：换句话说，这让我充满希望，不然生活的意义是什么呢？难道仅仅是还债吗？当然不是，而应当是类似于我和你一起在后院讨论在哪里种西葫芦。	+ 乐观积极 + 让对方知道，双方一起享受生活才是自己真正在意的
苏珊娜：其实，指出问题通常是第一步。现在，我们知道问题出在哪里了，我们可以一起努力。我现在反而如释重负。	+ 表达支持，想要和对方一起努力 + 肯定对方的积极态度 + 表达自己的解脱
凯文：好吧，这件事让我们有机会用不同的视角来看问题。	+ 承认双方处在同一战线
苏珊娜：没错。其实，我也想谈谈我的健康问题，可以吗？	+ 肯定对方 + 提出自己的需要
凯文：当然可以，我在想我对你的血液病有何想法。坦白说，我吓了一跳。我很害怕我将来给不了你支持。我也害怕我现在也给不了你支持。	+ 回应对方的请求 + 表达对对方健康的担忧和自己的支持能力 – 把焦点转向自己，而没有关注对方的感受
苏珊娜：什么意思？	+ 寻求澄清
凯文：我没有……无论挑战是什么，我想我都没有准备好接受挑战。	+ 澄清
苏珊娜：我在想，如果反过来呢？如果你生病了，我想我也会很害怕。当你告诉我你很累的时候，我吓坏了。	+ 表达理解和共情 + 分享自己的情绪
凯文：好吧。	+ 倾听

苏珊娜：因为……	+ 打断对方不太好，但对方好像把自己的话说完了，说明双方依然同频
凯文：可能是什么呢？	
苏珊娜：问题是，你从来不让我知道你在担心我。有时候，我真的会怀疑。我真想问问你："你在担心我吗？"	+ 表达孤独 + 表达自己需要对方的关心，并希望对方将其表达出来
凯文：我当然会担心你了。	+ 回应对方的需要，让对方知道自己在意
苏珊娜：在回答问卷时，我写不出我对未来的任何规划。我每天都在想：这样会持续多久？我快要死了吗？你和我想的一样吗？	+ 继续深入，告诉对方自己最大的恐惧 + 询问对方的感受
凯文：不，我觉得我好像活在炼狱之中。我并不担心死亡，我反而更担心会活得太久。	− 没有回应对方的担忧 + 真诚地回应，告诉对方抑郁和担心自己健康之间的不同
苏珊娜：嗯。	+ 倾听

在这次对话中，苏珊娜做到了一点：她通过谈论自己的病，勇敢地表达了自己的需要。后来，她告诉我们，她对结果有点沮丧，她并不确定凯文是否真的在倾听以及他是否真的理解了。

我们告诉苏珊娜，她的反应很合理。而凯文似乎由于正在经历很困难的时期，因此他难以将注意力聚焦到她的感受上。这就是为什么他们需要平衡双方关系中的困难议题。

　　同样，他们需要对彼此更有耐心，且要对疗愈的整个过程更加有耐心。他们回避重要问题长达 7 年了，对此，朱莉对他们说："你们都有很多话要表达出来。"

　　"看上去，你们打开了对话的新领域——你们的恐惧、歉意、价值和梦想，"约翰补充道，"你们需要花时间充分讨论这些问题。"

　　对于凯文和苏珊娜的未来，我们持积极的态度，并告知他们我们的看法。有些夫妻在常年回避困难议题之后，会感觉彼此没有事情可以分享。但凯文和苏珊娜并没有这样的问题，他们都希望深入了解对方。约翰提醒他们："你们会遇到很多事情，而且，你们还有很多值得深入讨论的议题。"

一年以后

　　在咨询结束之后，凯文预约了心理咨询师，开始治疗他的抑郁，并开始服用抗抑郁药。当悲伤和压力逐渐淡去之后，他感到身体更有活力了，并开始去健身房锻炼。6 个月后，他发现自己不再需要靠药物来振奋精神了。现在，他不再服用抗抑郁药了，而且感觉更有活力。他很享受现在的工作。另外，他重新弹起他已经放下多年的吉他。他甚至改变了自己的消费观。他给自己买了把新吉他——在一年之前，这对他来说简直不可想象。因为他的消费观发生了重大改变，不再那么节俭，所以他和苏珊娜关于开支的争论少多了。

　　而且，因为凯文不孤僻了，他和苏珊娜的相处变得更轻松了。当然，他们仍然面临着挑战，即苏珊娜的疾病。"我在生病的时候会变得非常有控制欲，非常不高兴，这对我来说非常艰难。"苏珊娜解释道。不过，双方都表示，在这种情况下，他们更懂得分享彼此的感受，会彼此安慰。现在，凯文的抑郁得到了改善，他们对婚姻治疗的态度都更积极了。他们还预约了婚姻咨询师。"我们希望通过定期咨询来帮助我们更多地打开心扉，倾听彼此，"苏珊娜说，"我认为这很有帮助。"

帮助对方战胜抑郁

在第一次对话中，凯文用"很大的大猩猩"来形容他的抑郁。一开始，苏珊娜一直在回避这个话题，后来突然就明白了。对他们来说，抑郁是婚姻关系中必须被重视的议题，如果他们持续忽视它，问题只会更糟。

把抑郁看作影响婚姻关系的重要因素是很有用的，这有助于他们停止抱怨，因为双方的问题实际上是抑郁导致的。抑郁迫使他们直面问题，彼此共情，然后共同解决问题。

不过，生活中的很多人不敢承认甚至意识不到自己抑郁。这种情况在男性身上更常见。当他们体会到情感空虚或麻木时，他们可能意识不到这是抑郁的一部分。另外，男性可能羞于承认自己情绪低落——焦虑、悲伤、疲劳确实会降低他们的办事效率，导致他们无法享受闲暇时光，甚至导致他们对性产生不了兴趣。男性通常希望自己是优秀的养育者、丈夫和爱人，而以上这些感受和他们的自我预设会产生强烈的冲突。而且，他们会隐藏自己的消极情绪。与此同时，他们的妻子则默默地、不停地猜测为什么他们变得易怒，容易退缩。在这些情况下，女性做出像苏珊娜那样的反应很正常。她们开始挑剔并试图控制对方的行为。她们可能会觉得对方很固执、懒惰，甚至孤僻，而不会想到对方可能抑郁了。

相对而言，女性则更容易承认自己的悲伤或焦虑情绪。不过，她们可能也不愿意寻求帮助，因为她们觉得女性本就比男性更情绪化——悲伤或挑剔是女性生命体验的一部分。她们可能会把悲伤等情绪归咎于经前期综合征、更年期或导致情绪改变的激素问题。

如果一方发现对方有以下表现，就应该立即警觉起来，因为对方很可能已经抑郁了：

- 持续地悲伤、焦虑或感到空虚；

- 感到没有希望；
- 感到内疚、没有价值、无助；
- 对曾经喜爱的活动（包括性爱）失去兴趣；
- 精力下降，易疲劳；
- 难以集中注意力、健忘，且难以做出决定；
- 睡眠过多或入睡困难；
- 食欲减退、体重下降；
- 暴饮暴食、体重增加；
- 想死或想自杀，企图自杀；
- 坐立不安；
- 易怒、爱发牢骚、过于挑剔；
- 持续的身体症状且通过治疗无法缓解，如头痛、消化不良、慢性疼痛。

抑郁会使人持续地悲伤或焦虑，从而阻碍人们感受幸福和满足。无论是男性还是女性，抑郁都属于异常情况。患有抑郁的人，其体内的激素水平会出现异常波动，继而出现情绪问题，这会导致压力增加或悲伤情绪加重。好在抑郁可以通过心理咨询和精神药物进行治疗。另外，改变不良生活方式对治疗抑郁也有帮助，如多运动、学会处理日常压力。

对于夫妻双方，如果一方怀疑对方患有抑郁，可以通过以下步骤来维护双方的关系：

第一，鼓励对方去看医生或心理咨询师。多数心理咨询师都可以帮助来访者应对抑郁。要告诉对方寻求帮助并不可耻。

第二，一旦对方确诊，要鼓励对方坚持治疗。尽管治疗抑郁的方法很多，但并不是所有治疗方法对所有患者都有效。此外，由于抗抑郁药通常需要几周才能起效，因此，患者常常会觉得自己一直没有改善。此时，要给予患者足够的鼓励，让他们坚持治疗或尝试新的治疗方法。

第三，学会认识并讨论抑郁对双方关系的影响。有时候，对方看上去特别易怒或特别容易退缩。如果把这些行为当成抑郁的表现，自己就不会感到被拒绝或被伤害了。

第四，保证对方的安全。由于严重的抑郁可能导致患者自杀，因此要密切关注对方的情绪。一旦感觉到对方可能想要自杀，要立即咨询心理咨询师或拨打求助电话。

第五，确保孩子的需要得到满足。不要让对方的抑郁影响孩子的生活。要密切关注孩子的需要，尤其当对方是主要养家者时。如果对方没有足够的精力在情感上和身体上积极地回应孩子，就要做出其他安排，比如自己来照顾孩子，让对方安心地接受治疗。

第六，与对方共情，同时也要表达自己的需要。如果对方变得很挑剔，可以对他说："你在说抑郁的话。你可以对我温柔一点儿吗？"当对方退缩时，可以对他说："我知道你现在无法与我联结，但我要告诉你，我很孤独。"用这样的方式陈述自己的需要，给予对方提供安慰的机会。同时，也要让对方明白，自己理解对方正经历的一切，会一直支持他。

第七，通过抚摸与对方联结。比如试着拥抱对方或帮对方按摩，这在对方情绪低落时会有帮助。另外，如果对方不感兴趣，要避免提出性需要，而要将主要焦点放在安慰和支持对方上。

💠 测试 1　你抑郁吗 💠

阅读以下清单，回想一下，这些问题在过去一周（包括今天）给自己带来的困扰，然后根据程度进行打分：0分，完全不；1分，有一点儿；2分，比较多；

3 分，非常多；4 分，很严重。

描述	分数
1. 失去性兴趣	
2. 感觉精力很差或行动迟缓	
3. 想要结束生命	
4. 容易哭泣	
5. 感到自己被困住了	
6. 埋怨自己	
7. 感到孤独	
8. 感到忧虑	
9. 过度担忧	
10. 对任何事情都没有兴趣	
11. 感觉未来没有希望	
12. 感觉做任何事都需要努力	
13. 感觉自己没有价值	

计分规则：将所有分数加起来，然后除以 13，取平均分。

解读：如果平均分超过 1.5，说明你可能抑郁了。如果这种情况已经持续超过两周，最好尽快去看医生或心理咨询师。

测试 2　你焦虑吗

　　阅读以下清单，回想一下，这些问题在过去一周（包括今天）给自己带来的困扰，然后根据程度进行打分：0 分，完全不；1 分，有一点儿；2 分，比较多；3 分，非常多；4 分，很严重。

描述	分数
1. 神经质、容易动摇	
2. 颤抖	
3. 突然无缘无故地感到害怕	
4. 感到恐惧	
5. 心跳加速	
6. 感到紧张或容易紧张	
7. 一阵阵恐惧、惊恐	
8. 坐立不安	
9. 感觉有坏事要发生	
10. 头脑中出现了可怕的想法和画面	

　　计分规则：将所有分数加起来，然后除以 10，取平均分。

　　解读：如果平均分超过 1.24，说明你可能患有焦虑。如果这种情况持续超过两周，最好尽快去看医生或心理咨询师。

研究显示，夫妻双方定期进行对话，以应对日常压力或悲伤情绪，对稳固婚姻很有帮助。夫妻双方最好每天聊聊当天发生的事情，关注彼此，交换信息，相互支持。

这样的对话有助于夫妻双方管理因工作和亲友关系带来的压力、焦虑和悲伤情绪。对于患抑郁的人，这些对话非常有用。即使双方没有情绪问题，这样的对话也可以帮助双方应对日常生活中的挑战，同时有助于双方保持情感联结。可以把它比作"情感银行"，夫妻双方的目标是不断地往里面存钱。

● 练习　建立无压力对话通道

夫妻双方可以利用以下规则来建立彼此对话的通道，多试几次，以评估其效果。然后，不断地进行调整，找到最适合自己的方式。

1. 双方每天花 15 ～ 30 分钟来谈论当天发生的事情

建议：双方最好有意地进行这一练习。可以把对话和生活中的其他活动联系在一起，就像两人一起吃早饭、通勤、散步或喝咖啡一样，关键是要时常进行对话。

练习：双方进行的最减压的对话发生在什么时候？

_____

练习：对话的最佳场所是哪里？

_____

2. 每次对话要遵循同样的习惯

建议：双方坐在同一张桌子前，点上蜡烛，用相同的杯子。这样做的关键在于，双方要感觉到一种"仪式感"。对于某些事情，双方可以一起完成，感觉彼此有更多的联结。

练习：双方准备遵循怎样的习惯？

_____

3. 消除外界干扰

建议：关掉电视，放下手机。如果有孩子，让他们去其他地方玩耍或让其他家人照看他们。

练习：双方如何确保自己全身心地关注对方？

---

4. 双方轮流发言和倾听

建议：双方可以讨论上一次对话结束后发生的最重要的事：工作如何？医生怎么说？上课怎么样？和其他人谈过吗？在对话过程中，要确保彼此都有相同长的时间来发言。在刚开始练习时，可以使用闹钟帮助计时。

练习：双方最常谈论的主题是什么？

---

5. 倾听时，对对方表示支持

- 通过提问来表示自己真的感兴趣。如可以问"怎么发生的？""最重要的是什么？""你怎么会有这样的感觉？""这对你来说意味着什么？""你可以告诉我发生的一切吗？"等；

- 表达自己的理解。如可以说"我可以理解你的感受""我也很有压力""听上去你很担忧"等；

- 关注对方的情绪并温和地回应。如可以回应说"那你一定很悲伤""我理解为什么你很愤怒""这太让人激动了！""我也很紧张"等；

- 对对方的成功表示庆贺。如可以说"太棒了！""我为你感到骄傲！""我敢打赌你一定很开心和放松"等；

- 和对方站在同一立场。如可以说"那个人糟透了""她怎么能那么对你？"等。但要注意，在倾听时，不能抱怨或批评对方，而要和对方站在同一立场；

- 表示团结一致。如可以说"这是我们俩的问题，我们要共同面对"或"我理解你，因为同样的情况也曾发生在我身上"；

- 表达爱意。如可以说"过来，让我抱抱你"或"我完全站在你这边"；
- 帮助对方解决问题。如可以说"让我们一起寻找解决方法"，但要记住，双方必须互相理解，不要急于解决问题。倾听最重要。

6. 评估自己的感受

建议：在练习几天后，评估双方对话的效果，然后问自己以下问题：

- 对话的时间和地点合适吗？
- 如果不合适，是否可以调整？
- 双方可以不受干扰吗？
- 为了提高双方对话的满意度，需要添加些什么？
- 你能否感觉出对方在分享自己的体验？
- 你能否感觉出对方在倾听？

另外，思考一下：如果想要建立更好的对话仪式，双方还需要做出怎样的改变？

07

另一半总是唠叨不休

TEN LESSONS TO TRANSFORM
YOUR MARRIAGE

练习表达和接受赞美
会大大地改善婚姻关系，
彼此的喜爱度会增加，
愤怒和批评则会逐渐消失。

问题

· 贝丝带着批评、讽刺或蔑视的态度开启对话，即"苛刻的开场白"；
· 克雷格用防御的态度回应；
· 克雷格不愿接受贝丝的影响；
· 贝丝自我批评的思想和无助感阻碍了她接受克雷格的感激和帮助。

解决方案

· 贝丝要采用温和的开场白；
· 克雷格要打开心胸，接受贝丝的影响；
· 双方要更多地表达对对方的感激；
· 贝丝要接受克雷格的赞美。

今年 34 岁的克雷格是名机械工，来自威斯康星州的密尔沃基，他的妻子贝丝今年 39 岁。在克雷格眼中，贝丝热情、外向，且对一切都充满激情。"我一直认为，像贝丝这样的女人可以唤起我体内的这些特质，"克雷格说，"当我第一次看到贝丝时，我很兴奋。"

9 年前，克雷格和贝丝在迈阿密相识。当时，贝丝正在做服务生，赚钱供自己念研究生，而克雷格和朋友为了避寒，去迈阿密度假。当时，贝丝被克雷格吸引住了。"我不敢相信自己认识了这个英俊且有趣的男人！"她回忆道。

他们开始给彼此写情书，一起进行短途旅行，且经常煲电话粥。他们的浪漫爱情不断升温。短时间的密切交流极大地提高了他们的情感浓度。"我们感觉直接进入了彼此内心的最深处。"克雷格回忆道。

6 个月后，他们结婚了。不过，由于两人的实际情况，他们不得不暂时各居一方。一年之后，贝丝搬到威斯康星州和克雷格同居。

"我们俩很快就产生了巨大的文化冲突。"克雷格说。由于两人都是非常独立的人，在财务安排和居住地选择上针锋相对，这些冲突至今仍然没有得到解决。贝丝认为克雷格花钱大手大脚，而克雷格认为贝丝太过节俭。贝丝不想住在密尔沃基，她觉得那里的冬天太冷了，她想搬回迈阿密，而克雷格离不开自己的家人、朋友，也不愿意辞掉自己的工作。

不过，他们之间最大的问题在于家务琐事。自从儿子斯凯拉出生后，他们的矛盾越来越多。一开始，双方约定，贝丝主要承担家务和育儿职责。之后，贝丝在一家慈善机构兼职做筹款人。但由于她的工作量时常起伏不定，有时候她需要克雷格帮忙洗衣、煮饭和打扫卫生。克雷格说他并不介意做这些事，但需要贝丝的提醒。贝丝对此感到很生气，因为她认为克雷格应当更主动地关心他们的生活和她的需要。"我不想唠叨！"贝丝说。

最近，他们关于家务琐事的争吵越来越多，已经严重地影响了他们的婚姻。

"我们总是吵架，太烦了！"贝丝抱怨道，"不管什么时候对话，我们总会吵起来。既然这样，我们为什么还要勉强在一起呢？"

克雷格回忆起他和贝丝很亲密的时光：他和贝丝一起购置新居；对于他的工作决定，贝丝非常支持。"我们结成联盟，一起努力，仿佛是队友。"克雷格说，"我们在生活的方方面面都很同步，比如我们的谈话方式、我们对彼此的态度。可以说我们彼此很相爱。"

然而最近，情况发生了变化。这些天来，克雷格经常觉得贝丝很强硬，甚至充满攻击性，好像她变成了他的敌人。"她总说让我少花点钱，还批评我没有照顾好家庭。"克雷格说。

他们之间的幽默也消失了。贝丝悲伤地说，克雷格几乎听不懂她的幽默了。

他们很担心这些争吵会影响斯凯拉。他们希望让斯凯拉知道，他们彼此尊重，会共同讨论棘手的问题并和谐相处。"大部分时间，斯凯拉都觉得是我在生气，因为家里的一切都是我在处理。"贝丝说。

克雷格和贝丝都希望给斯凯拉树立良好的形象。对此，我们建议他们在讨论家务矛盾时，一定要充分考虑到斯凯拉。

以下左栏是他们来爱情实验室后的第一次对话的部分摘录。

走进爱情实验室 THE LOVE LAB

对话	评价
贝丝：我希望斯凯拉在成长过程中意识到我们俩协作的重要性。我希望他把我们俩当作成年人，把自己当作孩子，而不是认为我在家里照顾两个孩子。（暂停）你在笑什么？	- 积极地开场，但带有批评和轻微的羞辱
克雷格：你已经把我当孩子了。	+ 注意到对方的羞辱，温柔地告诉对方
贝丝：好吧，我有时候觉得，我在同时照顾两个孩子。	- 语气缓和，但依然带有批评，之后开始防御
克雷格：我认为我们需要找到解决方法，不要在斯凯拉面前争吵。	+ 陈述自己的诉求 + 通过用"我们"来表达自己需要承担一定的责任
贝丝：我希望我说了"你可以打扫一下房间吗"，你就会去做，而不是我说完你还在用电脑工作。我们周六就因为这个吵了一架，因为我没有说"现在"两个字。	- 忽视对方的诉求 + 表达自己的需要和诉求
克雷格：你问我是不是可以打扫一下，然后我打扫了啊！	- 防御

贝丝：是的。等我让你打扫的时候，我已经非常沮丧了。因为我已经刷了两个浴缸、三个水池和两个马桶，而且我还要去工作。你希望我告诉你做哪些事，但家里是我们俩弄脏的，你为什么需要我提醒你才去打扫呢？	– 没有肯定对方的行动 – 用批评的方式提出诉求，导致争论升级 – 讽刺（蔑视的一种形式）
克雷格：好吧，我确实有份儿。你说你感到非常沮丧，但我觉得你应该在这之前就寻求我的帮助。	– 防御 +/– 陈述自己的需要，但使用了"你应该"，而不是请求对方
贝丝：我觉得这会引发一场争吵。	+ 表达恐惧
克雷格：给我举个例子。	+ 询问对方更多信息
贝丝：当我搬梳妆台上楼的时候，你还坐在电脑旁边。我问你，"你能帮帮忙吗"。那可是梳妆台，不是首饰盒！	+ 表达自己的感受 – 语气严厉且带有指责意味
克雷格：好吧。还有呢？	+ 询问对方更多信息
贝丝：我说，"你能帮我把梳妆台搬上楼吗？"这可不是一个普通的要求。而你却说，"我正在处理别的事呢。"然后，我不得不先把抽屉拿下来，再把梳妆台搬上楼。你就一直坐在那里。我当时想：难以想象他居然一动不动，一点儿忙也不帮！后来，我发现你竟然在打游戏！我以为你正在做什么重要的事！我以为你在工作！	+/– 表达自己的诉求和感受，但依然用的是严厉、指责的语气
克雷格：好吧，问题究竟是"我需要你做某件事"还是"我需要你现在就做某件事"？	– 不承认对方的沮丧情绪 +/– 保持镇静，但带有防御性

贝丝：我感觉你很讨厌"现在"这个词。	+ 寻求更多关于对方感受的信息
克雷格：不，事实上我希望你明确地跟我说"现在"，这样我就更清楚了。所以，在我忙的时候，我可以说"我现在没法帮忙，但 10 分钟后可以"。	− 开始防御 + 澄清自己的需要
贝丝：好吧。我会想：要我这么说很难，但我会这么说的。然后，你会说"我现在很忙，我可以晚点再帮你"，我觉得这是在打我的脸，好像我不重要，让你放不下你正在做的事情。	− 未回应对方的需要 + 提醒对方自己开口求助很困难 + 清楚地表达对方的拒绝给自己带来的负面感受
克雷格：不是的，你很重要。我确实想帮助你。这就是为什么我需要搞清楚哪些事情必须马上完成。	+ 安慰对方并承认她很重要 + 告诉对方自己的需要
贝丝：你不能理解成我希望你马上就去做吗？如果我请你帮忙，我说的都是马上去做！	− 忽视对方的关心 − 再次忽视对方的需要 − 语气激烈，导致冲突升级
克雷格：但你知道，我也有自己需要处理的事情。你可以问我，"你现在方便帮我把梳妆台搬上楼吗？"	− 防御
贝丝：如果你不方便呢？	− 忽视对方的需要
克雷格：我并不是在说方不方便的问题。	− 防御
贝丝：我感觉你是。	− 持续冲突
克雷格：不。我希望和你交流，也希望你能理解。我希望我可以说，"对不起，我正在处理某件事"，即使我在打游戏，"我已经打了 7 局了，我不想中途放弃"。让你等两分钟，真的会差很多吗？	− 防御 + 清楚地陈述自己的需要 − 未满足对方的需要，表示自己不接受对方的影响

贝丝：那我可以这样问你吗，"少打两分   　- 忽略对方的需要，重申自己的需要
钟游戏对你来说真的那么要紧吗？"　　　 - 未满足对方的需要，使对话陷入僵局

苛刻的开场白与无法被接纳的赞美

尽管贝丝和克雷格依然很愤怒和沮丧，但我们从他们的关系中仍然看出了一些可取之处。首先，他们都有紧迫感。他们都非常努力，想要建立联结，这意味着他们之间仍然很有爱；其次，他们都希望为了斯凯拉而改善自己的婚姻状况。这意味着他们意识到他们的婚姻中存在很高的风险，这或许可以成为督促他们积极改变的动力。

那他们该从哪里开始呢？两人第一次对话的开场白为我们提供了一些线索：贝丝在对话一开始就称克雷格是个孩子。我们将其称作"苛刻的开场白"，这意味着贝丝习惯用批评或蔑视开启互动模式。研究显示，这种互动模式注定会走向失败。事实上，我们通过他们对话开始 3 分钟的互动模式，就可以预测他们接下来15 分钟的对话走向，且预测准确率高达 96%。因此，无论贝丝多么想改善他们的婚姻关系，只要她依然用这种互动模式伤害克雷格，他们的关系就无法得到改善。

事实上，克雷格确实一开始就曾表示自己受到了打击——他的微笑是个温和的警告，预示着情况将不会好转。他多次尝试转移话题，试图关注斯凯拉、陈述自己的需要及询问问题。但当贝丝的批评持续发酵时，克雷格越来越抗拒她说的任何话，因为他抱有防御心态，所以他完全不愿认同她看问题的角度。换句话说，克雷格不会同意贝丝的话，他仍然抱持着贝丝不要求，他就不帮忙做家务的心态。克雷格拒绝接受贝丝的影响，这让贝丝更加沮丧和挑剔，随后彼此开始攻击和防御，并不断升级。

另外，贝丝很难接受克雷格的善意。例如，当克雷格说"你很重要"时，贝

丝根本没有认真听。我们认为，在和克雷格多年争吵之后，贝丝内心产生了很多怨恨。而且我们还得知，由于童年的不良经历，贝丝一直带有强烈的自我批评和无价值感倾向。

"听起来好像你从小的成长经历导致你觉得自己不值得表扬，"朱莉指出，"所以当克雷格赞美你的时候，你并不接受他的赞美。无论他说什么，你都觉得自己很糟糕。"

"这是一种自我保护机制，"约翰解释道，"如果你在成长过程中听到的只有批评，那么当你面对他人的夸奖时，就会产生一种脆弱感。敞开心扉接受他人的赞美会让你觉得害怕，因为你更害怕实际上听到的不是赞美，而是批评。所以，你会尽量降低自己的期望。"

我们还发现，自卑使贝丝觉得自己不配得到克雷格的帮助。因此，她选择用消极方式寻求帮助，换句话说就是"唠叨"。

但有时候，她的确快要被家务压垮了。这时候，她希望克雷格可以主动帮忙，这样她就不用唠叨了。注意，这是贝丝的看法，而克雷格不是这样看的。如果克雷格没有主动帮忙，贝丝就会变得怨恨和愤怒，并开始批评和蔑视克雷格，这是她从小学会的情绪表达方式。

贝丝告诉我们，她也意识到了自己的情绪表达方式及其根源，所以她常常下决心对克雷格更好一些。

"通常，这种'好'可以维持四五天。"克雷格说。

"然后，我就又开始唠叨了。"贝丝补充道。

克雷格立刻辩解道："我可没有这么说。"

朱莉认为贝丝的话很有意思，她问贝丝："你是这么看待自己的吗？"

"我想是的。"贝丝难过地说，然后补充道，"我是个好人，心地也很善良，我确实很关心克雷格。我也想要变得更加积极一点儿，但我们就是……"她的声音渐渐地低了下去，同时她用右手做出一个向下的动作。

"我感觉很无助，"贝丝补充道，然后转向克雷格，"我害怕有一天你不愿再忍受我了，会离开我。"

克雷格对此感到非常惊讶："我从来没有这么想过。即使是在最困难的时候，我都觉得我们一定会熬过去。我对我们的未来充满希望，我希望你也是。"

爱情实验室的建议

为了帮助贝丝和克雷格在他们的关系中建立更多的希望和信任，我们建议他们调整双方的互动模式。

练习温和的开场白

我们建议贝丝在谈论冲突时采用温和的开场白，而不是苛刻的开场白。她需要学会用更加中立的方式提出自己的诉求，减少指责。贝丝确实需要让克雷格知道他的一些行为会让她生气，但她不能用激烈的带有批评和讽刺的语气，因为这会妨碍她传递信息。

接受对方的影响

克雷格需要对贝丝的影响保持开放心态。许多夫妻彼此很难接受对方的观点、建议和请求，因为他们觉得这样做会让他们丧失"关系权力"。然而，我们的研究结果却恰恰相反，尤其是对男性而言。**实际上，愿意接受妻子影响的男性在婚姻中比不愿接受妻子影响的男性更有主导权**。原因可能在于，当妻子感到自己得到尊重且有话语权之后，也更容易接受丈夫的想法。

对夫妻双方而言，允许自己接受对方的影响能减少双方之间的阻碍，彼此也能学会互相妥协。我们将其称为"合气道原则"——在现代日本合气道武术中，一方必须屈服于对方才能真正获胜。虽然看起来很矛盾，但实际上，分享权力的确可以提升分享者的权力。

如果克雷格愿意接受贝丝的影响，就可能有助于贝丝减少沮丧和愤怒情绪，这样一来，她自然会减少使用苛刻的开场白。**我们的研究显示，当丈夫愿意在婚姻关系中分享权力时，妻子往往就不会再过于挑剔和蔑视他了。**

那克雷格和贝丝要怎么做呢？克雷格需要满足贝丝的某些要求，比如，即使贝丝没有提醒，他也应该在周末主动做家务。

坦陈自己的需要

如果贝丝觉得自己需要克雷格更加开放地接受自己的建议，那她必须更加直言不讳地表达自己的诉求。她可以这样说：

- 我希望你现在就听我说话；
- 我希望感到你在乎我说的话；
- 我希望你在这种情况下能接受我的影响。

表达和接受赞美

我们还建议克雷格和贝丝更多地赞美彼此。这几个月以来，他们一直在争吵，彼此对对方很失望，而且都有很多怨恨，摆脱这种状况的最佳方式就是赞美彼此。赞美并不需要刻意为之。双方可以就自己注意到的对方所做的任何积极的小事表达赞美，比如：

- 你穿的这件衣服的颜色很衬你；
- 你教斯凯拉数学的时候非常有耐心；
- 你今天是给车子换机油了吗？你竟然记得，你太棒了！

当然，表达赞美只是一部分，还需要倾听和接受对方的赞美，而不要像贝丝那样经常否认和忽视克雷格的赞美。为了帮助贝丝改变这种互动模式，我们建议克雷格坚持赞美贝丝，即使她对此听而不闻。当她否认或忽视赞美时，克雷格可以提醒她，并告诉她要专心地听他的赞美，然后接受他的赞美。这样做的目的是让贝丝明白，克雷格真的发现了她的很多闪光点。

"习惯自我批评的人要敞开心扉听取更多积极的信号，这是很难的，"约翰解释道，"但时间一长，我们相信，练习表达和接受赞美会让婚姻关系大有不同。双方对彼此的喜爱会增加，彼此的愤怒和批评则会逐渐减少。"

以下是克雷格和贝丝在采纳我们的建议后进行的对话的部分摘录。

走进 THE LOVE LAB
爱情实验室

对话	评价
贝丝：我现在的工作时长是以前的两倍。家务活让我彻底崩溃了。我想知道，我怎样做既不显得唠叨，也能得到你更多的帮助。	+ 温和的开场白 + 陈述自己的感受，描述现状和需要 + 提出自己的诉求，并未抱怨
克雷格：好的。我看到你忙于做各种家务，我知道你完全被压垮了。我认为，如果我们讨论一下彼此的需要，或许会很不错。所以，告诉我你有什么需要吧。	+ 承认对方的贡献 + 表达自己理解对方的行为和感受 + 表达自己愿意倾听和解决问题

贝丝（愤怒地笑起来）：我刚说了。我想找到更加平均地分配家务活的方法，这样我就不用一直开口向你求助了。我们可以列出一个家务清单，然后提前分配好，这样可以吗？

- 轻微地抱怨，不耐心地回应
- 不愿认可对方的配合意愿
+ 询问对方的需要

克雷格：好吧，我觉得列清单是个不错的方式。但你也要主动求助。因为如果你不问我，我恐怕无法满足你的所有需要。

+ 认可对方求助的做法
+ 更多地表达接受对方想法的意愿
+ 诚实地表达自己的恐惧，害怕让对方失望

贝丝：好，我们可以列个清单，然后贴在冰箱上，这样我们就可以清楚地知道谁该做什么了。

- 未直接回应对方的担忧
+ 提出更具体的请求

克雷格：好，这个方法很好。

+ 同意对方的方法，接受对方的影响
+ 称赞对方的方法

贝丝：谢谢！（甜蜜而活泼地笑起来）

+ 对方接受了自己的建议，对此很高兴（活泼的态度很有效）
+ 接受对方的赞美

克雷格（笑起来）：不客气。另外，你向我求助一点儿问题都没有。如果我们忘了按清单来，你完全可以问我，这一点儿问题也没有。我不觉得这是唠叨。我希望你明白我很在乎。我看到你为家庭忙来忙去，我觉得你太厉害了！

+ 表达支持对方的意愿
+ 重复表达自己需要对方的口头提醒
+ 表达自己很在乎对方
+ 表达更多的赞美

贝丝：听你这么说我真的很高兴。我希望经常听你这么说。我知道你没法一直赞美我，比如说"哇，马桶擦得太干净了！"，但当我听到这些赞美时，我就感觉我的付出并没有白费。

+ 接受对方的赞美
+ 表达需要听到赞美
+ 幽默很有帮助

克雷格：好的。我觉得这个要求很合理。毕竟你为了这个家付出了很多，你值得赞美。	+ 回应对方的需要 + 再次赞美对方
贝丝：我可以要求你赞美我吗？	+ 询问信息
克雷格（犹豫）：不要。	+ 诚实地回应
贝丝：你很讨厌我主动要求赞美吗？	+ 更加理解对方的感受
克雷格：不，我向你保证，不需要你提醒，我也会赞美你。因为我觉得提醒之后的赞美很刻意。	+ 回应，澄清自己的承诺和感受 + 保证愿意满足对方的需要
贝丝：你需要我提醒你做家务，对吗？	+ 肯定对方的需要，并表示理解
克雷格：是的，我也希望你能明白，你完全有权要求我帮忙。我希望你明白我愿意帮忙。	+ 回应对方 + 表达自己很重视对方 + 表达愿意帮忙的意愿
贝丝：你发誓？	+ 请求确定
克雷格：我发誓。	+ 给对方承诺
贝丝：我要学会明白我值得得到帮助，而不用担心你会生气。	+ 表示接受对方的话 + 表达愿意做自己该做的
克雷格：这次对话对我很有帮助。我想斯凯拉也会看在眼里。	+ 表达自己的乐观态度 + 提醒对方两人的共同目标（为孩子树立榜样）
贝丝：他会的。	+ 表达认可

在咨询结束后，克雷格和贝丝都对未来很乐观，尤其是在培养斯凯拉的问题上。

"我想如果我在厨房里，你能从后面给我个拥抱，"贝丝告诉克雷格，"当斯凯拉看到这一幕后，他一定会很高兴。"

"你的表达方式真的很棒，"约翰指出，"你以前可能会说，'看到我在厨房里，你从来没有想过从后面拥抱我。'你说话的方式改进很大！"

贝丝接受了约翰的赞美。不过，她又开始担忧，因为做出改变并不容易。"最后一次对话很有帮助。我不停地告诉自己，我不会再消极了。"

"这可能会花一些时间。因为你的本能告诉你，消极陈述是'事实'，因此你就应该这么说。"朱莉解释道。

"但没有必要这样，是吗？"贝丝问。

"没有必要，"朱莉答道，"而且这样做也没有用。"

"你们其中一方难免会有消极、苛刻或防御的态度，"约翰提醒他们，"你们对这种互动模式驾轻就熟。不过，当这种情况发生时，不要觉得你们只能这样持续下去了。你们可以改变自己。通过反复练习，你们会发现，原来90%的消极对话会降低到30%，这是巨大的进步！"

一年以后

一年以后，我们对克雷格和贝丝进行了回访，结果正如约翰的预期，他们的婚姻状况改善良多。双方都表示，彼此表达感激的做法给他们的婚姻生活带来了巨大的改变。

"我们现在更习惯说，'谢谢你这么做'或'我注意到了'。"克雷格说，"我们虽然仍然存在一些问题，但没有以前那么严重了，而且问题持续的时间也很短。以前我们习惯于忍受怨恨，给家里造成了不良氛围。现在，我们的问题的破坏性没那么大了，所以我们'复原'得更快了。"

"我们在情感银行账户中存了更多的钱。"克雷格补充道，引用了他在爱情实验室中学到的一个概念。这意味着，他在一整天中会不断地、积极地完成一些小事，比如给贝丝打电话、顺手帮忙、赞美贝丝、与贝丝亲昵等。他们不用互相比赛，只是为彼此创造更多的喜爱和良好的感觉。

当双方积极地做了许多小事以后，如果双方不可避免地爆发了冲突，那么这些小事对缓和冲突会很有用。

贝丝说，克雷格越来越能接受她的观点和建议了。例如，由于贝丝很节俭，所以多年来，她一直努力要求克雷格只在特别场合穿昂贵的鞋。"我只是觉得你没必要穿那么贵的鞋去倒垃圾。"她解释道。所以，当她从窗户看到克雷格穿着旧的工作鞋除草时，她很高兴。还没等她说话，克雷格立刻指着鞋子说："看到没？我接受了你的建议。"

贝丝和克雷格都认为，他们的婚姻中依然存在很多冲突，他们最终必须学会接受彼此的不同，这会使他们的冲突看起来不再那么令人痛苦。

"今年夏天，我们庆祝了结婚 10 周年纪念日，这对我们来说都很重要，"贝丝说，"结婚 10 年以后，我们更加了解彼此了。克雷格会干蠢事，我也会。但这没关系！我们仍然在一起！"

而在这之前，贝丝和克雷格在讨论冲突时，他们的开场白都很差。例如，贝丝喜欢用批评或蔑视的态度开始对话，这种苛刻的开场白使克雷格抱有很强的防御情绪，所以他不听她的话，而这又会让她沮丧和愤怒，她因此会更多地表达批评和蔑视。这种恶性循环阻碍了他们解决问题。

测试 1   你们的婚姻中存在苛刻的开场白吗

以下测试有助于你了解苛刻的开场白是否正在影响你的婚姻。仔细阅读以下每种描述，然后根据自己的实际情况在"是"或"否"下打钩。

描述	是	否
1. 对方常常对我很挑剔		
2. 我讨厌对方提问题的方式		
3. 我们常会不明缘由地吵起来		
4. 在我意识到之前，我们就吵起来了		
5. 当对方抱怨时，我觉得对方在故意找碴儿		
6. 对方总是因为各种问题埋怨我		
7. 对方很消极		
8. 我得时常防备对方的人身攻击		
9. 我常常需要否认对方的指控		
10. 对方很容易受伤		
11. 出了问题通常不是我的责任		
12. 对方会指责我的性格		
13. 对方会用侮辱性的方式提问题		
14. 对方有时候会用盛气凌人的方式抱怨		
15. 我受够了我们之间的消极情绪		
16. 当对方抱怨时，我感觉自己未得到尊重		

17. 当抱怨升级时，我只想逃离现场

18. 我们之间的平静会突然被打破

19. 对方的消极情绪令我不安

20. 我认为对方一点儿也不理性

计分规则：选"是"计 1 分，选"否"不计分，然后将得分相加。

解读：如果总分低于 5 分，说明你可能很少用苛刻的开场白开启对话。你和对方的对话虽然不顺利，但你们不会过多地批评和蔑视对方。实际上，你们可以很好地处理冲突。

如果总分在 5 分及以上，说明你在与对方讨论冲突时可能会过多地批评和蔑视对方。对此，你可以尝试温和的开场白，这有助于提高处理冲突的能力。以下练习也会有所帮助。

研究显示，夫妻双方开启对话的方式对婚姻的整体质量有很大的影响。以批评或蔑视的态度开启对话会导致双方的互动急转直下。一方会更多地进行防御和退缩，继而产生情感疏离和孤独感。温和的开场白则不带批评和蔑视。

练习 1　从苛刻的开场白到温和的开场白

以下是 4 种典型的婚姻冲突，我们分别附上了苛刻的开场白和温和的开场白。

1. 某个节日要来了，你很担心对方在家人身上的花费超出你们的预算苛刻的开场白："我恨这个节日！你买太多东西了，我们几乎要破产了！"

温和的开场白："我这次真的想和你一起好好过节日，但我有点担心账单。我们可以聊聊预算吗？"

2. 对方喜欢在每个周末晚上和朋友去酒吧，而你希望你们俩晚上多花些时间在一起

苛刻的开场白："你总和朋友出去玩，我受够了！"

温和的开场白："我想和你在一起。我周六晚上准备好晚餐，我们在家过怎么样？"

3. 在辛苦工作一整天之后，你回到家，感到头痛欲裂，却看到家里一团糟，而且两个孩子吵来吵去。随后，对方走进卧室并打开电子游戏，然后大声问："晚饭吃什么？"

苛刻的开场白："我怎么知道？为什么总是我做饭？"

温和的开场白："我不知道，我感觉很不好。要是你能做饭，那就太好了。"

4. 你想要和对方温存一番，但对方很冷淡。你想知道对方是否仍然觉得你有吸引力

苛刻的开场白："你最近怎么这么冷淡？你都不是我结婚时认识的人了。"

温和的开场白："我最近真的很想你。还记得我们去年夏天在阁楼的性爱时光吗？你能告诉我，我怎样做才能让你有性兴趣吗？"

接下来，写下你们婚姻中常见的冲突，然后思考一下，你和对方会如何利用温和的开场白就这些冲突进行对话。以下是一些基本原则：

- 提诉求，不批评、不埋怨；
- 用"我"而不是"你"开启对话。如可以说"我对我们的迟到感到很焦虑"，而非"你从来都没准时过"；
- 清楚地表达自己的需要。如对对方说"我希望我们俩就预算达成一致"，而不要说"我希望你别再乱花钱了"；

- 保持礼貌；

- 表达感激。

最后，做下面的练习。

常见的冲突：_____

温和的开场白：_____

常见的冲突：_____

温和的开场白：_____

常见的冲突：_____

温和的开场白：_____

常见的冲突：_____

温和的开场白：_____

克雷格的另一个问题是，他不愿接受贝丝的影响。我们的研究显示，这种情况在男性群体中很常见，而这会影响婚姻关系。这样做会让他们的妻子感到沮丧和愤怒，从而增加她们挑剔和蔑视的可能性，并很可能导致婚姻破裂。

测试 2　你愿意接受伴侣的影响吗

以下测试是关于接受对方影响是否会影响婚姻关系的。阅读以下描述，然后根据自己的实际情况在"是"或"否"下打钩。

描述	是	否
1. 我对对方关于我们婚姻中基本冲突的观点很感兴趣		
2. 即使我们不同意彼此的观点，我也会从对方身上学到很多		

3. 我想让对方知道，他的话对我很重要

4. 我真的希望对方愿意接受我的影响

5. 我可以倾听对方说话

6. 对方的基本常识储备很丰富

7. 我希望表达尊重，即使在我们意见不合的时候

8. 如果我持续地说服对方，最终我会成功

9. 我不会立即反驳对方的观点

10. 当我们讨论冲突时，对方不够理性，无法认真对话

11. 我们在讨论时经常互谅互让

12. 我很擅长说服对方，通常会赢得争论

13. 我认为当我们做决定的时候，我的话很重要

14. 对方经常会想到好点子

15. 对方非常擅长解决问题

16. 即使我不同意，我也会以尊敬的态度倾听

17. 我解决问题的方法通常比对方好很多

18. 当我站在对方的立场时，我会同意对方说的一些话

19. 对方太情绪化了

20. 通常是由我来做重要决定

计分规则：第 5、8、10、12、17、19、20 条描述选"是"减 1 分，其他描述选"是"得 1 分。

解读：如果总分为 6 分及以上，说明接受对方的影响是你的强项。如果总分低于 6 分，说明你和对方需要做出改变，努力接受对方的影响。

练习 2　如何更好地接受伴侣的影响

很难接受对方影响的夫妻容易产生更多的争执和防御心理。在一方提出诉求或建议后，对方会予以否认或拒绝。在这种情况下，双方都不愿承认自己是错的，没人想做"失败者"，这难免会影响婚姻关系。

打破这一僵局的方法是双方互相接受彼此的影响，即遵循合气道原则。换句话说，一方不需要直接对抗对方，而要和对方站在一起。要做到这一点其实很简单，只需要询问对方的观点以及表达自己的愿意，并用新的视角来看待问题即可。可以像下面这样回应：

- 给我解释一下你的想法，可以吗？
- 对于这个问题，你的感受怎样？
- 为什么这件事对你很重要？
- 如果你自己来解决问题，你会怎么做？
- 我可能无法用同样的方式看待问题。你怎么看？
- 你在害怕什么？
- 你在试图避免哪些问题？
- 在这个问题上，你的目标是什么？
- 这对你好像很重要，为什么？
- 为什么你对这件事的感受如此强烈？

这样的回应会让对方放松，尤其是当对方快要爆发时。这种方式能改变双方对话的情绪值，并使双方以同样的视角看待问题，从而相互理解。双方甚至可以共同达成妥协。

合气道原则很有效，因为它有助于夫妻双方在对话时给予对方更多的尊重，并保持自尊。在这样的交流过程中，双方不会在意谁是"获胜者"，谁是"失败者"，反而可以坚持各自不同的观点。

以下是一些针对抱怨和攻击的替代性回应的例子。在读到这些冲突时，想象一下不同的互动模式。你可以选择正面对峙，也可以选择接受影响。你认为哪种方式有助于双方的关系变得更亲密呢？

当对方抱怨你或攻击你时	正面对峙，不接受对方的影响	屈服，接受对方的影响
我不希望你总是在工作结束之后出去喝酒	我没有"总是出去"，我只有在周五才出去	你看上去很担心。告诉我你在担心什么
你告诉你母亲，感恩节我们会和她一起过，但你没有提前问我是否愿意	我很抱歉，但你知道的，感恩节对我母亲很重要	我很抱歉。或许我做错了。你觉得我们现在应该做什么？
你在买衣服上花太多钱了	你懂什么是时尚吗？	我认为我并没有在买衣服上花很多钱。我们可以聊一聊
他们又没有给你升职？我真不敢相信你居然还能忍！	看吧，我什么也做不了，所以别提了！	我也很不开心。你有什么建议吗？
你看你把厕所搞得一团糟。我简直要疯了！	就因为我把毛巾弄在地上了，所以你很生气，是吗？你是不是疯了！	告诉我，为什么这件事让你很困扰？

回想一下你们最近的一次争论或设想一下你们未来可能产生的矛盾，然后思考：如果用接受对方的影响的话语来回应对方，那么双方对话的走向将会如何？写下对方可能的抱怨或攻击性话语，以及你可能做出的回应。

对方的抱怨或攻击性话语：_____

你的回应（接受对方的影响）：_____

对方的抱怨或攻击性话语：_____

你的回应（接受对方的影响）:＿＿＿＿＿＿＿＿＿＿＿＿＿＿＿＿＿

对方的抱怨或攻击性话语:＿＿＿＿＿＿＿＿＿＿＿＿＿＿＿＿＿＿＿

你的回应（接受对方的影响）:＿＿＿＿＿＿＿＿＿＿＿＿＿＿＿＿＿

对方的抱怨或攻击性话语:＿＿＿＿＿＿＿＿＿＿＿＿＿＿＿＿＿＿＿

你的回应（接受对方的影响）:＿＿＿＿＿＿＿＿＿＿＿＿＿＿＿＿＿

利用合气道原则来接受对方的影响并不容易，需要刻意练习。许多人在面对他人的抱怨或攻击性话语时会习惯性地进行防御。而如果人们可以保持冷静和开放的态度，就容易给出非防御性的回应。尤其是对夫妻双方来说，这很重要。

08

我们的生活没了激情和乐趣

接受彼此的愤怒并将其
视为改善婚姻的良机，
同时不惮于用愤怒表达需要。

问题

· 莫琳隐藏了自己的愤怒；

· 当莫琳谈论自己的愤怒时，她主要关注的是他人的需要，而非自己的需要；

· 当莫琳愤怒时，杰克经常退缩；

· 忽视莫琳的愤怒导致双方出现情感疏离，继而影响双方的激情、乐趣和性生活。

解决方案

· 莫琳需要做的：
识别自己的愤怒并表达出来；
用更有建设性的方式表达愤怒；
对杰克表达更多感激。

· 杰克需要做的：
倾听并回应莫琳的愤怒。

在长达 51 年的婚姻中，杰克和莫琳一直遵守着老规矩——"强调积极的，淡化消极的"。如今，杰克已 76 岁，莫琳 74 岁。当杰克回想起自己当初在大学里第一次见到莫琳时，他依然觉得自己非常幸运。他告诉莫琳："能娶到你，我觉得自己非常幸运。"

莫琳则始终觉得杰克实在太谦虚了。"你当时是高年级的风云人物，"她回应道，"你可以和任何你喜欢的女孩子约会。我只是运气好遇到了你。"

在过去的很多年里，他们经常这样表达对对方的欣赏。他们以前都是社工，有个温馨的家，生了 3 个孩子，常去教会，且有了稳定的退休金。

然而，当我们请他们描述自己的婚姻时，他们却犹豫了，两人都觉得婚姻中缺失了某些东西。

"我们对彼此的感情很深，但生活中好像缺少冒险和激情，"莫琳说道，"我们的婚姻缺乏乐趣。"

杰克补充道："我们对于性爱有些拘谨，或许在年轻的时候，我们更放得开。"

莫琳悲伤地说道："我觉得我从来没有真正地体会过无拘无束的感觉，我曾经为这一点感到很内疚，但我现在不会了。"她依然很渴望与杰克的亲密情感，也相信自己可以做到无拘无束。"我希望有一天我们可以分享彼此从未分享过的生活。我觉得我们好像始终不敢表达某些东西。"她解释道。

例如，当莫琳感到愤怒时，她总是试图将它隐藏起来，她担心自己的愤怒会破坏她和杰克的关系。事实上，在回答问卷时，杰克透露，他通常以退缩来回应莫琳的愤怒。他根本没意识到双方讨论消极情绪的重要性。

"如果我诚实地面对我的愤怒，我担心我们会因此彻底分开，这并不是我们想要的。"莫琳解释道，杰克也频频点头。

但最近，莫琳越来越难以压抑自己的愤怒了。最近一次的状况发生在他们与教会小组讨论时。当时，莫琳注意到，在场的男士在主导讨论话题，女士则围在一旁礼貌性地点头附和。她感觉到其中一些女士想要分享自己的观点，但因为男士在主导，所以她们不敢表达自己的观点。这个念头一直困扰着莫琳。她沉默了好一会儿，然后突然爆发了，在场的人这才知道她有多生气。"如果我们可以去其他地方，我们一定可以聊得非常尽兴！"莫琳愤怒地冲那位领头的男士喊道。此时，包括杰克在内的其他男士都愣住了。

莫琳的行为引发了一系列连锁反应。当晚，在回家的路上，杰克告诉莫琳，她在教会的行为很不当，令他感到很尴尬。第二天，那位男士给莫琳发来邮件，指责莫琳伤害了他。结果，莫琳不得不退出教会小组。

但莫琳发现，表达自己的观点对她的生活产生了积极影响。"表达而非压抑自己的痛苦让我和杰克的关系产生了一些变化。"莫琳解释说，她觉得自己更性感了。

　　我们认为这很正常。压抑愤怒会使夫妻双方产生疏离感，双方在一起很难真正开心，也会阻碍双方的情感表达和生理需要，继而影响双方的性生活。用愤怒表达自己的需要有助于提升个人的自尊，而自尊是自由表达性感受的一部分。

　　莫琳认为这很说得通。"我有时候认为，如果杰克和我激烈地吵一架，我们的关系可能会更有激情。当然，我也不是十分确定。"莫琳说道。

　　在莫琳退出教会小组的几天之后，发生了一件好事。莫琳收到了一封邮件，是教会小组的另一位男士发给她的，他邀请她重新加入教会小组。莫琳给这位男士打电话，以表示感谢，对方表示他完全理解她经历的一切。她回忆道："我和他的对话非常棒，没有人比他更理解我的痛苦。"

　　"如果杰克和你聊一次，他会理解你的痛苦吗？"约翰问道，"如果杰克可以帮助你呢？"

　　"这正是我希望从你们这里获得的帮助。"莫琳点头道。

　　这件事似乎成了莫琳和杰克关系的转折点，对此，我们建议他们彼此讨论一下。以下左栏是他们来爱情实验室后第一次对话的部分摘录。

走进爱情实验室　THE LOVE LAB

对话	评价
莫琳：你知道我想表达什么吗？	+ 试图和对方沟通
杰克：嗯，我们讨论的是男性既有男性化的一面也有女性化的一面，而你说我女性化的一面被掩盖了。	+ 尝试表达理解，尽管有些困惑。这是很好的尝试
莫琳：不是的，这是卡洛琳在梦境课程中说的。	− 纠正对方，但带有批评和怨恨

杰克：我觉得我稍微明白了一点儿。	+ 承认自己不理解，但仍在努力
莫琳：其实，当你和其他男性一起高谈阔论的时候，我感觉你们其实毫不在意他人的感受。我认为谈话者有责任顾及听众的感受。	+ 表达自己的愤怒
杰克：我想我可以练习。	+ 很好地接受了对方的建议
莫琳：现在，我打算冒点儿险，希望自己以后不要为此付出代价。周二晚上，当我们在史密斯餐馆吃饭时，现场的男士大谈特谈自己在第二次世界大战时的经历。在回家路上，你说你那晚过得非常愉快，但我感觉头都快要爆炸了。	+ 冒险告诉对方自己的感受 + 清晰地表达诉求，未挑剔对方
杰克：难道你要否认有些人就是比其他人更善于表达吗？以我们的教会小组为例，小组中有一位退休教授，他为文学贡献了自己的一生，并且……	− 防御性地回应
莫琳：难道他想说的话很多，我就要一直保持沉默吗？	+/− 表达愤怒，但带有讽刺
杰克：对，这就是我想问的。	+ 请求对方澄清
莫琳：我并不这么认为。事实上，我甚至觉得正因为有专业人员在，有些人更不敢表达自己了。如果我们是在上课，这样做当然无妨，但如果我们参加的是读书会，那么每个人必须有参与对话的机会。我们要保证每个人都有机会说话。	+ 持续表达自己的感受 − 谈论小组而非自己，使自己远离愤怒；关注"我们"而非"我"

杰克：好吧，我其实有点吃惊，因为在场的女性都很被动，而且很沉默。我只是想要假设……	+ 诚实地表达自己的困惑 – 带有防御性
莫琳：这是因为……（发现自己打断对方，于是停了下来）	+ 停止打断对方，很好地修复了对话
杰克：这是因为她们对他人的话更感兴趣，而不是表达自我。而你则认为她们只是习惯被动。	+ 表达自己的理解；没有认为对方的批评是针对自己
莫琳：参与教会小组的女性都跟我同一个年纪，我们是所谓的"有修养的女性"，我们不希望别人说我们没有修养，那样会让我们害怕。但我想，在教会小组里，我们需要多做点儿什么，而不只是做有修养的女性。	+/– 更多地表达自己的感受，为表达感受负责，但仍然在讨论"我们"

无法表达的愤怒

我们从他们的对话中发现了很多值得肯定的地方。例如，尽管杰克带有防御性，但他仍然愿意倾听莫琳的诉求并接受她的建议。这对他们的婚姻关系很有帮助。

莫琳则很好地表达了自己的愤怒。但如果她能更多地谈论自己而非其他人的需要，那就更好了。我们猜测，讨论群体的需要让莫琳和杰克都觉得他们的对话更加顺畅，但这也导致他们之间产生了隔阂，或许这正是莫琳希望自己克服的。

爱情实验室的建议

后来，我们让杰克和莫琳思考以下问题：双方如何才能彼此支持并在情感上更亲密？

对杰克而言，他需要做的是继续像他和莫琳在来爱情实验室后的第一次对话中所做的那样，即表达、倾听和回应，尽管当莫琳愤怒时，他想要退缩。

为了帮助莫琳更深入地表达自己的感受，我们建议她回想一下，在她刚开始感到愤怒的那一瞬间，到底发生了什么。她可以自问"在这种情形下，我的目标是什么？"或"是什么阻挡了我达成目标？"。

我们的建议触动了莫琳。"我接受的教育是，愤怒是不对的，我没有权利表达愤怒。但是，我认为愤怒帮助我克服了一些难题。"她说。

"你觉得愤怒是你保持自尊的一种方式吗？"约翰问。

"没错，我在儿童时期就学到了这一点，"莫琳想起了她小时候被一位长辈虐待的经历，"我当时变得非常愤怒，把自己彻底封闭了起来。我决定，我要自己找出路。太感谢你们了，我从来没有告诉你们我的感受。"

"表达愤怒成了你自尊的一部分。"约翰说。

"我想是的。"莫琳答道。

"现在你不想再继续做'有修养的女性'了吗？"

"是的，我不想再继续做下去了。"

"如果杰克帮助你更开放、更诚实地表达自己，对你会有帮助吗？"

"当然有了，"莫琳回复说，"当我说'我现在很生气'时，我并不是在说谁对谁错，我只是在表达我当下的感受。"

杰克在一旁专注地倾听并不断点头，他用心地理解着莫琳所说的一切。事实上，在整个咨询过程中，他始终展示出自己倾听的意愿并愿意接受莫琳的影响。除此以外，他还时不时地赞美莫琳。

莫琳是怎样回应杰克的呢？我们注意到，虽然她对杰克很尊重，但她并没有尽可能地承认或感激杰克对她善意的关注。莫琳告诉我们，她其实非常感激杰克，我们给她的建议是，她最好在每次看到杰克说了或做了她认为不错的事时，及时赞美他。

杰克和莫琳说，他们回到教会小组讨论时，会尝试我们的建议。以下左栏是他们在爱情实验室的第二次对话的部分摘录。

**走进
爱情实验室** THE LOVE LAB

对话	评价
莫琳：我希望教会小组负责人可以时不时地问一问在场的每个人对讨论的感受。	+ 用建设性的意见开始对话
杰克：如果你在这件事上可以从我这里获得一些帮助，你会感觉很棒，对吧？我很乐意帮你。我想我的问题在于……（停下来想一想措辞）你知道吗，或许我们在结婚的时候，你就是个爱生气的人，但对于这一点，你隐藏得太好了。你还记得我父亲怎么说的吗："你找了一个甜美、温柔的女孩子。"	+ 表达支持 + 接受对方的影响 + 将对话导向更深入的个人层面 + 表达自己对对方变化的困惑
莫琳：当时我还无法真正了解自己的感受。	+ 重新理解对方的话
杰克：现在看起来，好像我娶了一个完全不同的人。	+ 表达自己的感受和困惑

莫琳：是的。你确实娶了一个完全不同的人。当我越来越希望做真正的自己，而不是我认为的或别人眼中的自己时，可能我会变成一个你不喜欢的人。有时候，我确实觉得你不喜欢我。	+ 肯定自己的感受 + 讨论自己的感受 + 表达恐惧和担忧 + 开诚布公
杰克（点头，若有所思）：是的。（沉默了一阵）坦白地说，当你在教会小组爆发时，我觉得非常尴尬，因为那群人我们几乎完全不认识。	+ 诚实地回应 + 肯定对方的感受 + 表达自己的愤怒、沮丧和恐惧
莫琳：这就是为什么我需要学习如何在这种情况下表达自我。我试着让自己坦诚，但做得并不是很好。我希望找到一种不同的表达愤怒的方式。这些年来，你在表达愤怒时似乎没有任何障碍。	+ 为自己的问题负责 +/- 表达自己的观点，认为双方在婚姻中对愤怒的态度有双重标准；带有批评、防御和讽刺
杰克：嗯。	+ 接受对方所说的话
莫琳：你经常愤怒，并且会用男性的方式表达出来。	– 批评对方
杰克：嗯，是的。社会文化对两性有不同的期待。但我个人认为，我应该尽量不要愤怒，我也尽可能地这么做了。当我愤怒的时候，我会出门散步，自我消化一下情绪。	+ 表达自己在倾听 – 有些防御
莫琳：我认为这并不会让我们更亲近。	+ 澄清自己想要的——情感上的亲密
杰克：是的。其实，在教会小组的那件事发生之后，我告诉过你，我很尴尬。我说得很清楚。我没有试图回避。	+ 肯定对方的需要 – 仍然有些防御
莫琳：所以我们才可以进行这次对话。	+ 指出双方的进步和优势

杰克：有没有其他我可以做的，这样我可以更加积极地满足你的需要……（再次停顿）其实，我觉得这张餐桌可能有点问题。我每次都坐在桌头，这可能会让你感觉自己低人一等。	+ 询问对方的需要 + 表示支持对方得到更多的尊重
莫琳：是的，我一点儿也不喜欢这张餐桌。我想要一张圆桌。	+ 肯定对方的想法，接受对方的建议
杰克：如果我们把这张餐桌换掉，会不会更好一些？然后再买张圆桌。	+ 表达支持及愿意接受对方的影响
莫琳（停顿，然后注视着对方，扬起一侧眉毛）：嗯，我很乐意。	+ 表达赞许，肯定对方的思路很正确
杰克：对吧，这是一种对你的支持方式。对于教会小组的讨论，或许我也可以做点什么。但我不希望跳出来说，"从现在开始，我们要换一种交流方式"。	+ 继续表达支持，并充分考虑现实情况
莫琳：对，直接这样说会有点尴尬。我觉得可以建议大家四处走走，这样每个人都有机会表达自己的观点。	+ 肯定对方对现实情况的考虑 + 接受对方的支持
杰克：这个主意很不错。	+ 重新确认对方明白了自己的意思

　　在这次对话中，杰克和莫琳进行了更深入且更坦诚的交流。虽然他们在对话中都表现出些许防御，但由于他们谈论的是一些非常棘手的问题，所以这很正常。

　　真正令我们惊讶的是杰克对莫琳感受的关注。当他提出换张餐桌时，他其实用了非常具体的方式来支持莫琳，并给予了更多的尊重。同时，莫琳也表现出对杰克感受的关心，尤其是当她承认自己应该用建设性方式表达愤怒时。

莫琳在这次对话中并没有表达她对杰克的感激，但在我们结束咨询时，她终于表达了出来。她告诉我们："杰克就是这样的人。如果他能帮我鼓起勇气表达感受，且不让他感到被攻击，那他就真的能帮到我。"

因此，我们鼓励莫琳在情感上对杰克坦诚，并鼓励杰克多关注莫琳，尤其是当她感到愤怒时。

"令我们惊讶的是，在像你们这样的婚姻中，妻子的愤怒或许才是真正的改变信号。"约翰说道，"所以这样一来，莫琳不再死气沉沉，她活了过来。这才是让你们的亲密关系保持激情和乐趣的关键。"

一年以后

一年以后，我们对莫琳和杰克进行了回访。莫琳和杰克坐在一张全新的圆餐桌旁，诉说着在过去的一年中，双方关系的巨大转变。

"莫琳变得更加积极向上，也更有自信了。"杰克说。

"我认为杰克开始更懂得享受了。我很高兴看到这一点。"莫琳说。

他们都认为，能有这样的改变，多亏了莫琳坦诚地向杰克表达自己的愤怒。杰克很感激莫琳的坦诚，因为这样他不需要再猜测莫琳到底在想什么了，他们可以共同找出问题的解决方案。

以下是个典型的例子。杰克最近重新整理了厨房的柜子，并把自己的常用药放在了莫琳的柜子里。"如果是好几个月以前，我会很焦虑，'为什么他一点儿也不为我着想？'，但我什么也不会说。"莫琳说，"而这次，我跟他说了我的感受，并告诉他那是我的地盘，我不希望他随意侵入我的地盘。"后来，她用一根筷子划分出了各自的地盘。

对此，杰克的反应如何呢？"我感到有点震惊，因为我一直以为那个柜子只是个普通的柜子而已。但既然她这么想，我觉得也没有问题。这种方式好像很好地阻止了我们陷入争吵。"

"我现在知道，如果我清楚地表达自己的需要，杰克是愿意配合我的，"莫琳补充道，然后微笑着看向杰克，"50多年了，我错过了多少教育他的机会呀！"

此外，莫琳也意识到她错过了很多表达赞美的机会。"我现在不再只看到事情消极的一面，而是开始看到所有积极的一面。"莫琳列出了一个赞美清单，并分享给了我们。这个清单中充满了支持、爱、接受和信任的话。她转向杰克，发现他整个人闪着光："当你放松微笑的时候，你真的很帅。"

由于经常表达赞美，很少抱怨，莫琳和杰克有了更多愉悦的性生活。

"我已经74岁了，而杰克已经76岁了，我们终于体会到了性生活的美妙，"莫琳说，"这简直太棒了！"

学会表达愤怒，让婚姻更有韧性

杰克和莫琳的经历表明，当夫妻学会接受彼此的愤怒并将其视为改善婚姻的时机时，双方的关系就会发生良好的改变。关键在于，双方要将愤怒视为一种积极情绪。事实上，人的左脑主要负责体会愤怒、愉悦和乐趣，而右脑主要负责体会悲伤和恐惧。**悲伤和恐惧会导致人们倾向于退缩，愤怒则会让人们和他人产生联系、采取行动和亲身参与。**

和所有其他情绪一样，愤怒的背后也有其逻辑和目的。例如，当我们遇到不公之事时，我们会愤怒并认为我们没有被公平地对待；当我们在实现目标的过程中受到阻碍时，我们也会愤怒。如果我们学会建设性地使用愤怒，我们会做出更积极的改变，努力为公平而战，同时会更积极地与人交流。我们可以利用愤怒强化我们的言语表达，让他人明白我们的需要和感受。而且，就像杰克和莫琳一样，我们还可以利用愤怒改善夫妻关系。

要想发挥愤怒应有的作用，必须学会表达愤怒并坦诚地回应愤怒。这是个很大的挑战，尤其是当人们把愤怒等同于恐惧、破坏或失控时。从这个角度出发，愤怒可能像一个思维和感受的雪球，越滚越大，积累的力量也越大。如"他怎么能那样对我？他可能认为我很蠢或认为我很失败……这让我更生气了……谁知道会发生什么？我要让他瞧瞧谁才是失败者……"，这样的愤怒情绪会让人感到更加羞愧、恐惧，而且愤怒会不断升级，最终摧毁一切。

如果你经常有这样的体验，进行心理咨询可能有助于你改变这一固有模式，之后，你会将愤怒视为一种合理的体验，并了解到它是可以被控制的，甚至可以用它来改善生活现状。如"我感到愤怒，他居然这样对我……我有权感到愤怒……这种感受非常合理……我需要他听到我的心声……我可以管理这种情绪……如果我现在说出来，我可以改善现在的状况……"。如果你把愤怒当作生活中积极的建设性力量，你就不会再隐藏愤怒了。当你学会如何建设性地表达愤怒以后，其他人会更理解你，而这有利于减少怨恨及解决问题。

在婚姻中，夫妻双方可以用同样的尊重态度来回应彼此的愤怒，从而改善彼此的关系。如果一方认为对方的愤怒合乎逻辑且理由适当，那么可以利用这种愤怒来改善婚姻。

关键在于一方要帮助对方弄清楚愤怒的来源。不要试图"改变"对方的感受，而要向对方提出简单的开放性问题，如"你为什么愤怒？你看上去很沮丧，告诉我发生了什么。""你现在需要什么？""你希望现在发生什么？"等。

如果一方感到对方的愤怒是针对自己的，那该怎么办？这同样是个挑战。愤怒的一方需要表达出自己的感受，但不能带有敌意、抱怨和蔑视，要关注自己的需要，而不是对方的过错或缺陷。这样做可以帮助对方降低防御，接受影响。这样一来，双方就不太可能彼此攻击或防御，从而避免最终分崩离析。

愤怒得到倾听而不要被夸大，是很重要的。许多年以前，心理学家曾认为，如果人们表达出愤怒，那么问题就可以得到解决，生活就会变好。然而，这种认为消除愤怒就像消除压力一样简单的想法已被证明是错误的。事实上，心理学家后来发现，如果人们只是单纯地释放愤怒，如在没人倾听的情况下发脾气，那么只会让人更加愤怒。**愤怒的人真正需要的是他人的共情**，他们需要他人倾听自己并对自己说："我很在乎你的经历，我希望自己能理解你。"他人的倾听有助于人们接受自己的愤怒并消化愤怒，最终平静下来。

当然，在受到攻击时，人们很难倾听和理解他人。所以，要用建设性的方式和尊重的态度来表达愤怒，这一点很重要，尤其是当表达愤怒的对象是自己所爱之人时。

给丈夫的幸福婚姻锦囊：关注并回应妻子的愤怒

我们认为，夫妻双方表达和理解彼此的愤怒对改善婚姻状况很有帮助，尤其是对女性而言。我们给丈夫最重要的建议之一就是接受妻子的愤怒，关注其愤怒并找出愤怒的来源。这正是促进婚姻幸福的关键。

关于表达愤怒的问题，在今天仍然存在诸多偏见。现在大多数女性的受教育程度比以前都高，其经济地位、政治地位、社会地位也都提高了，但由于文化原因，她们仍然无法像男性一样表达自己的想法及实现自己的目标，有时她们甚至会被认为是粗鲁而恶毒的人。

就像莫琳告诉杰克的一样，"有修养的女性"可能会愤怒，但她们不会表达出来，尤其是在她们没有男性陪同的场合下。因此，这些"有修养的女性"会感到困惑和被误解。她们认为男性没有尊重自己，因此会憎恨男性，而憎恨抑制了她们的赞美、爱意、激情和浪漫。与此同时，她们会愤怒，且会在不恰当的时刻爆发，就像莫琳当初在教会小组讨论过程中做的那样。

像杰克这样的男性，他们希望自己和妻子的关系是充满爱意的，但当他们面对妻子的愤怒爆发或冷暴力时，会感到非常沮丧，甚至感到困惑。对杰克来说，关注莫琳的愤怒并帮助她表达自己，可以使他和莫琳在促进亲密关系上取得巨大的进步。杰克可以在莫琳愤怒时询问其原因并表示关心，这样做表明他在乎莫琳的感受、目标和愿望，以及她遇到的阻碍，同时也表明，对他来说，莫琳的想法真的很重要。他向莫琳证明了自己始终和她站在一起。

阿雷莎·富兰克林（Aretha Franklin）在《尊重》（*Respect*）这首歌里唱道："R–E–S–P–E–C–T，find out what it means to me（发现尊重的意义）。"对男性来说，接受妻子的愤怒意味着他们要尊重妻子。阿雷莎还唱道："Just a little bit（只要一点点尊重）。"其实，只要一点点尊重，女性就能勇于打开心扉，真正地表达自己的赞美、喜爱、激情和浪漫。

❤ 测试　你是如何看待愤怒的 ❤

以下测试有助于夫妻双方了解彼此对愤怒的态度。

阅读以下描述，想象自己或对方最近一次感到愤怒的场景，然后根据实际情况在"是"或"否"下打钩。如果不确定，就选择自己更倾向的答案。

描述	是	否
1. 我在愤怒时，要么很平静，要么爆发，很少有中间状态		
2. 我可以觉察到我何时开始愤怒，因为此时我会有些暴躁		
3. 我认为最好把愤怒留给自己		

4. 我认为如果压抑愤怒，就会遇到灾难

5. 愤怒通常是不合适的

6. 愤怒让我感觉充满力量，好像我为自己站了出来一样

7. 对我来说，愤怒是定时炸弹，随时会爆发

8. 愤怒会带给人驱动力

9. 我认为愤怒是未开化的表现

10. 我认为愤怒和受伤是一体的。我会愤怒是因为我受伤了

11. 我分辨不出愤怒和攻击

12. 我在生气时很难保持冷静

13. 我认为人们应该为自己的愤怒付出代价

14. 当我愤怒时，别人会知道不能催促我

15. 我会选择让时间来抚平我的愤怒

16. 我在愤怒时会感觉自己像蒸汽爆发一样，压力一下全爆发了

17. 只要愤怒是可控的，就没问题

18. 对我来说，愤怒和清嗓子一样自然

19. 当人们愤怒时，人们会把情绪垃圾都倒给其他人

20. 我认为，掩饰自己的愤怒会使人生病

21. 愤怒像火，如果你不立即扑灭它，它就会把你毁灭

22. 愤怒能给予我能量，助我解决问题，让我不被问题击倒

计分原则：偶数项选"是"计1分，奇数项选"是"减1分，选否不计分。

解读：得分越高，说明你越能从容地面对愤怒。如果你和对方的总分差距很大，说明你们在愤怒这个议题上会有很多冲突。

以下练习有助于夫妻双方缓和彼此的冲突。

● 练习1　如何面对你和 TA 对愤怒的不同态度

人们对表达愤怒的态度有所不同，原因可能在于人们的幼年成长经历或成年特殊体验不同。如果你发现自己和对方对愤怒的态度不同，你们最好直接讨论这个问题。可以遵循以下步骤：

1. 先完成上文的测试，然后讨论双方对每个问题的回答

2. 双方轮流回答以下问题，讨论各自过去处理愤怒的经验

- 小时候，当父亲对你感到愤怒时，你感觉怎样？如果他对你母亲感到愤怒呢？
- 小时候，当母亲对你感到愤怒时，你感觉怎样？如果她对你父亲感到愤怒呢？
- 当你对某个人、某件事或某种情况感到愤怒时，你会怎么做？

3. 当你和对方回答以上这些问题时，试着理解双方对愤怒的体验是不同的。此外，还应该向对方表达理解

4. 在表达愤怒这个议题上，双方试着找到共识，必要时可以适当地相互妥协

5. 可以进行以下练习

当人们无法实现自己的目标时，常常会愤怒。有时候，人们甚至不知道自己的目标是什么，只知道自己很愤怒，想要改变。对此，首先要明确目标，然后才能发现问题并解决问题。

● 练习 2　如何正确地回应愤怒

当你感到愤怒时，可以进行这项练习。当对方感到愤怒时，你可以用这项练习开启彼此的对话。如果你决定在对方感到愤怒时进行这项练习，要记住一点：先理解对方，再给建议。换句话说，最好先让对方把全部的感受都表达出来，然后试着理解对方的感受，并努力解决问题。

如果双方的对话变得过于激烈，双方或一方开始出现情绪淹没的表现，如由于心率飙升而无法思考，此时，双方需要暂停，隔一段时间再继续对话。可参考前文提到的避免情绪淹没的练习。

接下来，请练习问自己或对方以下问题：

- 你在愤怒什么？
- 你当下的目标是什么？
- 你想要什么？
- 你希望发生什么事？
- 你想要达成什么样的成就？
- 这个问题对你来说意味着什么？
- 你当下有什么样的感受？
- 你当下为什么如此沮丧？
- 你如何看待在实现目标过程中遇到的障碍？
- 是什么阻碍了你实现目标？
- 你当下的痛苦是关于什么的？
- 有什么事让你觉得不公平吗？
- 有什么事让你觉得不道德或错误吗？
- 你过去曾试着为此做些什么？
- 这些尝试有用吗？
- 如果这些尝试有用，你可以再做一次吗？如果没用，原因是什么？

● 你这次可以做些不同的尝试吗？

● 为了实现这个目标，你还可以做什么？

● 我怎样才能帮助你？

09

一切都在围着孩子转

TEN LESSONS TO TRANSFORM
YOUR MARRIAGE

积极且清楚地表达各自对认可、
友谊、感情和浪漫的需要，
而非将其置于孩子的需要之后。

问题

- 罗恩和梅莉萨把注意力全都放在了孩子身上，忽视了彼此的情感和性需要；
- 梅莉萨感觉很孤独，与罗恩很疏远，所以她一直要求他关注自己；
- 罗恩觉得自己被批评了，并认为自己在梅莉萨眼中不称职，所以他选择退缩；
- 双方都没有清晰地表达各自的需要；
- 双方都没有冲突解决规划。

解决方案

- 双方应该用更具体的方式表达各自的需要；
- 关注彼此的需要；
- 学会利用冲突解决规划；
- 把婚姻放在首位，还要意识到这样做对孩子最好。

和许多父母一样，罗恩和梅莉萨非常怀念没有孩子、有时间放松的日子。那时候，他们住在辛辛那提附近，罗恩正在读商学院，梅莉萨在一家社区学院教书。一天即将结束之时，他们会在厨房里一起闲聊，分享当天遇到的事情。

"罗恩喜欢烹饪，"梅莉萨说，"我会一边看他做菜，一边和他闲聊。"

"我们晚饭总是吃得很晚，因为通常要花很长时间准备。"罗恩回忆道，"之后，我们俩会坐下来聊天，而且会聊很久。"

后来，他们结婚了。

结婚 8 年之后，他们有了两个儿子，一切都改变了。现在，罗恩 42 岁了，是一家软件公司的经理。当他一回到家，4 岁的亚利克斯和 10 个月大的科林就会很激动。梅莉萨现在 36 岁，是个全职母亲，带一天孩子之后，她在晚上 6 点左右会精疲力竭。这时候，她只想把孩子交给罗恩。

"我一进家门，就好像有大事要发生，"罗恩抱怨道，"很多事情一下子涌了过来，比如我要看着亚利克斯，我要换衣服，我还要做晚饭……"

"最近，基本上都是我做饭。"梅莉萨回应道。罗恩点头表示赞同，之后陷入了沉默，他看上去很难过。显然，他们长期以来形成的晚餐习惯已成为历史。

罗恩和梅莉萨说，在照顾孩子这件事上，他们是对很棒的搭档。"但有时候，我觉得我们仅仅是搭档而已。"罗恩说。

以睡觉为例，梅莉萨坚决认为婴儿不能自己睡。所以从一开始，他们就让科林和自己一起睡。但问题是，科林并不会老老实实地躺在梅莉萨身边入睡，他常常整晚需要梅莉萨喂奶。近来，梅莉萨会把科林留给罗恩，然后自己去客厅睡。他们俩发现，彼此几乎没有时间好好温存，因此他们的性生活成了问题。

梅莉萨说，一天结束后，他们根本没有时间和精力像一般的爱人那样彼此陪伴。"我们希望能彼此联结，但我担心的是，如果我告诉罗恩我很孤独，或建议我们一起做点儿什么，他可能会说：'梅莉萨，我们哪有时间？'"

罗恩和梅莉萨把他们的关系看作一场相互追逐的游戏：梅莉萨总是要求罗恩多关注自己并尽可能地提供帮助，而罗恩一直在逃避。我们的研究显示，这种妻子寻求丈夫帮助和关注的互动模式在初为父母的夫妻身上非常常见。

"他会和我交流，但只是只言片语，"梅莉萨说，"他会抱怨我的需求太高，我会回应他说'因为你总不在！'。我也不希望自己一直提很高的需要，但我真的希望他能关注我。"

约翰问道："'很高的需要'是什么意思？"

"她总会到我的地盘上来，然后提一些马上就得满足的要求。"罗恩说。

"是啊，我想要到你的地盘上去！"梅莉萨恼羞成怒，"这就是问题所在。"

"但最后我总是感觉自己让你失望了，我甚至还没有来得及回应。"罗恩说。

为了更加了解他们的情况，我们请罗恩和梅莉萨讨论了他们最近的一次冲突，他们谈到了前一天晚上做晚饭之前发生的事。以下左栏是这次对话的部分摘录。

走进 THE LOVE LAB
爱情实验室

对话	评价
罗恩：我想我先入为主了。你好像一直对我很没有耐心，不允许我按自己的节奏做事。比如昨晚，在我们准备做晚饭时，我正在冰箱里找食材，而你偏要让我照看科林。	+ 描述问题，并愿意承担责任 +/- 试图避免埋怨对方，但仍然在挑剔
梅莉萨：对，没错。	+ 表达自己在倾听，没有防御
罗恩：我正在把食材放进冰箱，突然你就把科林放在了我面前。我不禁心想：你就不能再等 5 秒钟吗？稍微让我喘口气。我做错事的时候，也会有这种感受。我感觉自己太蠢、太慢了。	+/- 表达自己的沮丧，但开始指责对方 + 很好地描述了自己的感受
梅莉萨：我的这种不耐烦让你很难受，是吗？	+ 好问题
罗恩：是的，因为这意味着不赞成。而我并没有……	- 埋怨

梅莉萨：我觉得我太崩溃了。我比以前更没有耐心了。我感觉我很想和你说话，而你并不这么想。好像你在想：我听见了，你又来了。所以，现在我试着少说点儿。我只在该说话的时候才说。比如我会说："罗恩，我抱着一个哭闹的婴儿做不了别的事，你能抱他一会儿吗？"

- 打断对方
+ 表达自己的感受
- 假设自己知道对方的想法（"读心"）
+ 为自己造成的冲突负责

罗恩：好吧。

+ 表示自己在倾听

梅莉萨：如果我这么说，你就不会这么惊讶了。可能吧。（语带讽刺）因为提前有预警了，你就不会觉得我没有耐心了。

+/- 负责，但讽刺语气略带蔑视

罗恩：嗯。问题在于我对你的理解方式。这只会让我一直有麻烦。

+ 仍然在倾听，承认自己"猜测对方动机"的行为存在问题

梅莉萨：是的。因为你觉得我很生气，但实际上我并没有生气。然后，你就因此开始生气了。

+ 很好的解读

罗恩：我当时想的是，为什么她会生我的气？

+ 肯定对方的解读

梅莉萨：看见了吧，我们对彼此有很多误解！我从来没觉得你的想法是"为什么她会生我的气？"，我以为你的想法是"她生气了，所以我生气了！"，然后我就真的生气了。我感觉沮丧是因为我知道你对我很生气，但我不知道你为什么生我的气。你对我很生气，是因为你认为我在生你的气。

+ 进一步解读为什么双方的冲突会升级，因为双方并没有表达自己的感受，而是假设对方的动机
+ 表达自己的感受

罗恩：是的。

+ 肯定

梅莉萨：这是个双输的局面。我们的性生活也一样。我不知道怎样摆脱现在的局面。	+/- 更多地解读，但对自己的感受表达得不够充分
罗恩：我也不知道。	+ 肯定
梅莉萨：我幻想过怎样做。我在给你的结婚周年纪念卡中写过"让我们再次相爱"。这确实是我希望的。我希望我们都能接受一点，就是我们可以有一周的时间来转变态度。我们试一周，到时候你可能会认为，"梅莉萨觉得我很聪明，很性感，我已经准备好了"。	+ 开始分享自己的感受 + 陈述自己的需要
罗恩：下次我可能又没有准备好了。	+ 坦陈自己从对方眼里看到了不足
梅莉萨（不耐烦）：别这样说！别说下次你没有准备好。尝试改变一下态度。	+/- 澄清自己的需要，但语带批评
罗恩：嗯。（一阵沉默）	+/- 表示自己在听，但没有告诉对方自己的感受
梅莉萨：那么，我们什么时候变成现在这样的？为什么会改变？	+/- 提问，暗示自己想要更深入地谈话；但问"为什么"可能会使双方进入理性讨论，而双方当前需要做的是分享彼此的感受
罗恩：我不知道。这个问题问得好。	+ 表示回应
梅莉萨：因为如果我们 15 年前就这样相处的话，我们就不会在一起了。	- 批评
罗恩：我想，可能是我们吵过太多次了。我们都习惯了。	+ 很好的思考角度

孩子的需要 vs. 伴侣的需要

罗恩是对的。重复进行走向僵局的对话会让人产生无力感,这并不利于婚姻。当然,对罗恩和梅莉萨来说,恢复以往的关系依然是有希望的。我们注意到,他们都会认真地倾听彼此,不会做出防御性回应。而且,他们认可自己在照顾孩子方面是一对好搭档,并为此感到自豪。他们都愿意更好地养育孩子,这是他们解决问题的动力。

但同时,他们也很沮丧。和很多正适应为人父母的夫妻一样,他们会把自己的问题归咎于身份的转变。他们不断告诉自己,他们这么忙是为了孩子,他们没有时间考虑自己的需要。但我们的研究发现,满足孩子的需要和满足伴侣的需要并不冲突。事实上,父母为孩子能做的最好的事也包括努力维系自己的婚姻。这一方面恰恰是罗恩和梅莉萨的痛苦所在。

他们的问题之一是彼此对需要的表达方式。例如,梅莉萨告诉罗恩,她希望他们"再次相爱",但罗恩并不知道该怎么做。同时,罗恩很担心自己会让梅莉萨失望。通过询问,我们了解到,在罗恩十几岁时,他的父母就离异了,他的母亲离开了家。对于成长于离异家庭的孩子,如果他们在结婚后无法保持家庭的完整,他们就容易感到悲伤和无助。事实上,罗恩告诉我们,他认为"他以前总让他母亲失望"。

约翰告诉罗恩:"儿时的经历或许使你对梅莉萨的情绪强度产生了不适感,你会认为,无论你怎么做都不够好。"

当梅莉萨抱怨她很孤独、无力,需要罗恩的帮助时,他们的交流方式并没有让他感觉更好,实际上,他感觉自己很失败。他觉得自己让梅莉萨失望了,所以他退缩了。他觉得自己怎么做都是错,因此会更多地留意到她的不耐烦或沮丧,而不是她的肯定。与此同时,对于罗恩的行为,梅莉萨变得更加沮丧并开始越来越多地抱怨,这让罗恩更没有信心,因此他更容易退缩。

爱情实验室的建议

在我们看来，罗恩和梅莉萨需要在识别和表达自我需要上更加努力。如果梅莉萨觉得自己需要罗恩的帮助、关注或情感，她应当明确地告诉罗恩她想要什么，比如可以用特定的话或行动，让罗恩有机会理解她、安慰她、滋养她、吸引她和爱她。例如，梅莉萨可以和罗恩说"我希望你抱抱我""我希望你安排一次只有我们俩的晚餐""我希望你对我说我很美"等。

而罗恩需要告诉梅莉萨，她如何才能帮助他更多地感受到被接纳和被肯定。例如，当罗恩回应梅莉萨的需要时，梅莉萨可以表示肯定；当他关注梅莉萨或努力做事时，梅莉萨可以表达感激。

我们还建议，当罗恩对梅莉萨的需要感到不适时，可以尝试一些新的回应方式。例如，罗恩与其逃避，不如对梅莉萨说："我很担心我会让你再次失望，我接受不了。我希望能满足你的需要。告诉我，你现在要我做什么？你现在想要什么？说具体一点儿。"

"夫妻之间并不经常这样做。"约翰告诉他们。事实上，许多夫妻相互牺牲，并相互"比赛"。一方可能会说："在这段关系中，你的需要没有得到满足？好吧，我的也没有得到满足！"想象一下，如果这时对方说："你的需要没有得到满足？这不行，我们俩都应当得到满足。我们一起来想一想该怎么做吧。"那会如何呢？

最终，我们建议罗恩和梅莉萨进行本章的练习。我们相信这个练习对他们非常有帮助。该练习能让他们双方互相讨论、互相理解、互相妥协。

在来爱情实验室后的第二次对话中，罗恩和梅莉萨采纳了我们的建议，他们清楚地告诉对方自己希望从他们的关系中得到什么。以下左栏是这次对话的部分摘录。

对话	评价
梅莉萨：我想找到一个方法，既能把我们的关系放在首位，同时也能满足育儿和工作的需要。我常听人说，"为人父母后没有办法保持身体上的亲密，却有时间读书或做项目"。	+/- 勇敢地陈述问题，但没有告诉对方自己的感受
罗恩：嗯。	+ 表示自己在倾听
梅莉萨：我认为我们需要花更多的时间让彼此亲密一些。如果我说"我希望自己对你仍有吸引力"或"我希望让你觉得我被你吸引"，那我们该怎么做？我们怎样……	+/- 进一步表达自己的需要，但更多地关注"怎么做"而不是自己的感受
罗恩：我想我们需要做的有很多，比如打电话，或者从做饭和吃饭中间挤出点儿时间。如果从小处着手，我们就会有更多彼此亲密的机会。	+/- 表达愿意和对方共同努力，但同样关注在"怎么做"上，而非自己的感受
梅莉萨：好的。	+ 肯定，接受对方的建议
罗恩：比如我过来抱抱你，然后再去忙别的。如果我们能形成习惯，可能会很好。	+ 陈述自己的感受，解释自己觉得怎样做才算"好"
梅莉萨：我想，当我们去吃午饭的时候，可以手牵手。（一阵沉默）我觉得有点不适应。因为我们已经很久没有这么亲密了，突然这么做会有点不适应。	+ 表达失望 + 表达恐惧
罗恩：嗯。	+/- 倾听；但没有通过提问题来回应对方

梅莉萨：我觉得你把身体接触当作性需要了。	+/- 表达自己的不适，但更多的是在分析而不是在表达自己的感受
罗恩：了解了。	+ 倾听
梅莉萨：你曾说我不希望你碰我。说实话，如果你当着亚利克斯的面抚摸我，这当然很不合适，但我们可以牵手、拥抱。我们可以互相有身体接触，只要不太过就行。	+ 描述自己的感受 + 表达自己对身体亲密的需要
罗恩：这是当然的。	+ 接受对方的建议
梅莉萨：在我们还没有这些身体接触时，如果你直接抚摸我，我会觉得有些粗鲁。	+/- 表达更多的感受，但语带批评
罗恩：了解。	+ 接受
梅莉萨：这话听上去好像并不是很有爱。	- 批评
罗恩：也就是说，你不希望我当着亚利克斯的面在屋里抚摸你。你也不希望在我们没有感觉时这么做。	+ 表达理解
梅莉萨：我希望你更温柔一些。	+ 澄清
罗恩：了解了。	+ 接受
梅莉萨：你需要什么？你现在的感受怎么样？	+ 好问题
罗恩：其实，我希望我在和你有身体接触时能更加舒适。	+ 表达自己的需要
梅莉萨：我也希望你和我的身体接触能让你感到舒适。当你不碰我的时候，我感到很糟糕。	+ 肯定对方的需要 + 表达自己的感受

罗恩：嗯。	+ 倾听
梅莉萨：出于某些原因，你有点疏远我。我不知道为什么你会感到不适。	− 批评
罗恩：在我吻你的时候，你常常不看着我的眼睛，我不知道为什么。	+ 提供信息
梅莉萨：我也不知道。	+ 接受信息
罗恩：昨天晚上，在我们准备睡觉之前，你在另一个房间的时候……	+ 给出具体的例子
梅莉萨：好吧，我确实在四处看。	+ 和对方继续谈论同一个话题
罗恩：你在看一个商品目录。之后你去刷牙，我跟着你，我只是想吻你。最终，在你回房间之前，你只说了声"晚安"。这让我觉得有点沮丧。	+ 表达自己特定的需要 + 表达自己的感受
梅莉萨：我当时感觉很难过。	+ 表达自己的感受
罗恩：嗯。	+ 认同对方的感受
梅莉萨：我感到很难过、很孤独。一直以来都是这样。	+ 表达自己的感受
罗恩：嗯，你继续说。	+ 倾听
梅莉萨：我希望听到你和我说"我想吻你"，然后说"晚安"或"我们能拥抱一下吗？"，那样的话，会让我觉得很棒。	+ 表达自己特定的需要和渴望
罗恩：明白。我只想多和你说说话。	+ 认同对方说的话

梅莉萨：或许你可以和我说"你需要什么？"或"你感觉怎样？"，那样会很棒。	＋努力解决问题，告诉对方自己的需要
罗恩：好的，我会这么做的。	＋接受对方的影响
梅莉萨：太好了！希望我们找到不再孤独的方法，我可以找到和你更加亲近的方法。	＋表达认同、接受和希望

　　罗恩和梅莉萨的这次对话将他们引向了一个新方向，他们此前从未勇敢地表达过彼此的感受和需要，他们的感受和需要都被紧张和沉默压制住了。对他们来说，完成这次对话并不容易，但正如他们表现出来的那样，这次对话表明他们的婚姻仍然有希望。

　　在结束咨询之前，我们建议他们继续互相提问并重新确认问题，尤其是罗恩。这有助于梅莉萨更具体地表达自己的需要，罗恩则会得到自己需要的信息，也能让梅莉萨感受到他愿意倾听并愿意满足她的要求。

　　此外，我们还建议他们至少在来年把婚姻关系放在首位。这听起来很有挑战性，因为他们同时也想成为优秀的父母。我们提醒他们，改善夫妻关系才是真的对孩子好。

　　最后，我们还提醒他们，把婚姻放在首位意味着他们俩都要付出更多。"不要担心双方的贡献会失衡，如果一方觉得自己比对方做得多，不要太放在心上，这正是实现目标所必需的。"约翰说，他还建议，如果梅莉萨需要罗恩帮忙照看孩子，那么罗恩应该放下一切去帮忙；而如果罗恩需要梅莉萨向他表达赞美，那么梅莉萨必须无条件地赞美他。这样做有助于他们彼此信任、感激和喜爱。如果他们能做到这一点，他们在此后将长久获益。

两个月以后

罗恩和梅莉萨采纳了我们的建议，并获得了良好的沟通效果。他们约好，当一方想要某些东西时，可以直接说出来。"我们可以直接说，'这就是我想要的，我现在就要'。"罗恩解释道，"对方必须立即回应，不能迟疑，也不能质疑。"

有了这个约定，他们日常的生活摩擦减少了。双方都很少会花精力思前想后，比如"我这么问合适吗？"或"这是我应得的吗？"。无论他们的需要是照顾哭泣的孩子，还是孤独时的一个拥抱，或是一起坐下来解决问题，他们都能达成一致。因此，他们彼此感到更加温暖、更加自然。他们在互动时的紧张和犹豫减少了，他们的性生活更和谐了。

另外，罗恩和梅莉萨都可以毫无歉疚地享受自我。例如，梅莉萨每周会上两次瑜伽课，罗恩计划用一周的时间和朋友去徒步。要进行这些活动，双方需要在照顾家庭和孩子上更多地合作。对此，任何一方都会说："我真的很关心你，希望你快乐，所以去享受吧，我来照顾一切。"

以孩子为中心，为什么受伤的却是孩子

对于想成为优秀父母的夫妻来说，以孩子为中心的婚姻或许没有问题，毕竟对于孩子的需要，父母应给予充分的关注。然而，一旦夫妻双方把为人父母的责任作为忽略对方的借口，问题就会产生。

在以孩子为中心的婚姻中，孩子会转移夫妻双方的注意力，双方会不自觉地忽视自己的浪漫需要，也会对真正重要的需要置之不理，如：

- 双方会把孩子的睡眠当作拒绝性生活的理由；
- 由于日常的繁忙，双方几乎没有机会在周末度假；

● 双方认为男方的工作最重要，因为家庭需要足够的经济来源供孩子上好学校。

从上文可以看出，夫妻双方的需要常常排在孩子的需要之后。事实上，从长远来看，孩子的需要并没有真正得到满足。

如果父母错过重要的人生体验，忽略自己的需要，那么他们的婚姻会面临很大的风险。这样的父母一心想为孩子提供最好的一切，甚至甘愿将婚姻置于孩子之后。具有讽刺意味的是，当父母致力于为孩子创造最佳生活环境时，他们并没有为孩子提供其最需要的东西，即一个幸福的家庭。一旦双方忽略婚姻健康，那么他们的家庭关系最终会变得紧张，双方之间会出现互相防御、批评、蔑视和冷战等。

我们的研究显示，这种环境会对孩子的人生观和成就产生消极影响。如果孩子生活在紧张环境中，他们会变得焦虑、抑郁、内向、孤僻。而生活在充满敌意和蔑视环境中的孩子会更有攻击性。

如果父母认真对待婚姻，倾听并回应对方的需要，他们就会为孩子树立健康亲密关系的榜样。他们也会为孩子的生理发展、情绪发展和智力发展创造更加轻松愉快的环境。在工作坊中，我们常常建议新手父母把婚姻想象成一个摇篮，只有当父母的关系稳固且充满爱意时，孩子的内心才可以得到抚慰。父母努力维持婚姻摇篮的坚固和平稳，可以很好地帮助孩子持续、健康地发展。

以下测试可以判断你的婚姻是否以孩子为中心。如果需要更多的建议来处理家庭关系，可参考前面关于"适度的'自私'，让彼此更亲近"的内容。

❤　测试　你的婚姻是围着孩子转吗　❤

阅读以下描述，根据自己的实际情况在"是"或"否"下打钩。

描述	是	否

1. 我常常觉得这段关系令我很失望

2. 我学会了不要对对方有过多的期待

3. 在婚姻中，我最深层的感受很难得到关注

4. 我感觉我们有非常多的杂事要处理

5. 我感觉我做什么都不对

6. 我经常被对方挑剔

7. 我们现在的关系并不是很亲密

8. 我们现在很难进行优质的对话

9. 有时，我感觉我们的关系形同虚设

10. 我感觉我对对方来说并不重要

11. 我们现在处于分居状态，在情感上没有联结

12. 我们彼此很难进行深入的交流

13. 我们之间没有足够的亲密

14. 孩子占据了我们所有的时间

15. 对方对我失去了兴趣

16. 我近来感到对方对我没有吸引力了

17. 我们之间缺少浪漫和激情

18. 我不能说我们现在是好朋友

19. 我很孤独

解读：如果有 6 项以上选"是"，说明你和对方需要多关注彼此的关系，确认彼此的需要并努力进行联结，还可尝试后面的练习。

如果对方问:"你想从我这里得到什么?"或许你会说"我希望你爱我"或"我希望你尊重我"。但对方知道怎样做吗?

以下练习有助于夫妻双方决定采取怎样的行动以满足彼此的需要。实际上,要想做到这一点,关键在于双方不要试图猜测彼此的想法。因为如果一方把对方当作朋友、知己和爱人,那根本不需要猜测。

● 练习1   准确表达需要

夫妻双方阅读以下示例,然后找两张白纸,每人各自写下 5 种自己希望从双方关系中获得的需要,如感情、价值、想法等。对于每种需要,举出 3 件对方可以做的事,然后轮流分享彼此的内容。

注意,要用积极的方式表达自己的需要,不要抱怨。例如,不要说"你从来都不告诉我你在工作中遇到了什么事",而应该说"我希望更多地了解你的工作"。

示例:

我的需要:我希望你爱我。

3 件对方可以做的事:

- 深情地抚摸我。如逛街时牵我的手,在人群中搂着我,一起看电视时和我紧紧依偎;
- 安排和我单独的约会;
- 为我做一些贴心的小事。如帮我倒咖啡,主动帮我跑腿儿,偶尔为我做早饭。

我的需要:我希望你成为我的朋友。

3 件对方可以做的事:

- 在争论的时候站在我这边;
- 让我和你一起完成某些事;

● 同意和我一起去看我想看的电影。

我的需要：我希望让自己更性感。

3 件对方可以做的事：

● 抚摸我（告诉对方抚摸的方式）；

● 不经意地吻我；

● 告诉我我怎样做才能让你兴奋。

我的需要：我希望你赞美我。

3 件对方可以做的事：

● 当我为你做事时，说声"谢谢"。另外，帮着做晚餐、洗车、付账单等；

● 在别人面前多夸奖我；

● 在我生日那天为我准备晚餐。

我的需要：我希望你尊重我。

3 件对方可以做的事：

● 倾听我对整件事的看法；

● 准时来接我；

● 修理东西时听听我的建议。

我们相信，如果梅莉萨和罗恩可以清晰地表达各自对认可、友谊、感情和浪漫的需要，那么他们的婚姻关系会得到改善。

不妨想象一下：在一个孤独的夜晚，当一方提出了具体的情感联结需要以后，接下来会发生什么？例如，如果罗恩对梅莉萨说："我真的很想吻你。"而梅莉萨立刻回应说："我也很想吻你。"接下来会如何呢？

我们的研究显示，这样的交流对幸福的婚姻非常重要。无论一方希望获得性爱、亲密感或想要与对方进行交谈，抑或仅仅希望对方帮忙，这样的交流都会有同样的效果：一方通过评论、手势、提问、抚摸或面部表情清楚地向对方发出邀请，对方则回以响应、共情或支持。

响应对方的邀请有助于婚姻关系的成长和发展，而忽视对方的邀请只会产生反作用。无论是无意的还是故意的，一直忽视对方的邀请会增加双方的冲突并伤害对方，甚至摧毁彼此的关系。

利用争执和敌意来忽视对方的邀请则会带来负面效应，这会让对方感到受伤和恐惧。一旦对方停止发出邀请，其感受就会被压抑，双方关系也很可能开始破裂。

● **练习2　满足伴侣对情感联结的渴望**

以下是一些夫妻之间通常会提出的情感联结需要的场景。阅读每条描述，并想象对方提出这一邀请的场景，然后再想象你可能会如何忽视它、对抗它或响应它。在未来的几周内，努力尝试习惯性地响应对方的邀请。

示例：

邀请：当我用电脑工作时，对方为我倒了杯咖啡。

忽视：沉默。没有表达感谢。

对抗："咖啡太淡了。"

响应："谢谢。你太有心了。"

邀请：对方读到一则笑话后开始大笑。

忽视："你看见我那双黑鞋了吗？"

对抗："你这样我没法集中注意力。"

响应："太好笑了。""我没明白。告诉我为什么你觉得很好笑。"

练习：

邀请：对方告诉我关于某个亲戚的近况。

忽视：

对抗：

响应：

邀请：对方说院子里有些地方需要清理。

忽视：

对抗：

响应：

邀请：对方说洗衣液用完了。

忽视：

对抗：

响应：

邀请：对方很羡慕邻居买的新车。

忽视：

对抗：

响应：

邀请：对方用深情的方式抚摸我。

忽视：

对抗：

响应：

邀请：对方抱怨自己的健康问题。

忽视：

对抗：

响应：

邀请：对方说自己很担心孩子。

忽视：

对抗：

响应：

邀请：对方用充满性暗示的方式抚摸我。

忽视：

对抗：

响应：

邀请：对方说自己很疲惫。

忽视：

对抗：

响应：

邀请：对方回忆起孩提时的受伤经历。

忽视：

对抗：

响应：

邀请：对方说自己在工作上没有得到公平的对待。

忽视：

对抗：

响应：

　　"没有时间享受性爱和浪漫"是我们最常听到的夫妻之间的抱怨。一些新手父母认为，他们抱怨的根源在于他们需要不停地、及时地处理孩子的各种需要。一旦孩子出生，他们就认为自己的生活被占满了：不是在工作，就是在处理杂事、做家务或照顾孩子。他们觉得自己没有了任何隐私。即便有时间想到性生活，也是在一天结束后双方都已精疲力竭时。对许多疲惫的父母来说，性爱似乎成了一天中的"最后一项任务"。

对此，我们建议他们安排规律的"约会"，可以在平日的晚上，也可以在周末。在这段时间，可以让保姆或家人临时照顾孩子，双方可以独处，这样可以维持双方之间的浪漫。

"专门安排性爱和浪漫时间根本不自然，"很多人抱怨道，"这样就没意思了。"在我们看来，这种想法大错特错。为了理解这一点，夫妻双方不妨想象一下双方关系中最浪漫的时刻。大多数夫妻都会记得双方最开始的几次约会，难道当时双方没有为这些约会精心规划过吗？事实上，恋爱双方在刚进入一段新的浪漫关系中时，他们做的一切都是精心规划的，比如穿哪件衣服，用什么样的香水，是否要把灯光调暗，下一步该怎么做，以及最重要的——自己的感觉如何。这些精心规划的安排会让双方失去乐趣吗？不会，相反它们会增加双方对浪漫夜晚的期待和兴趣。

因此，我们建议一方暂时丢掉繁忙的工作，开始规划双方的"约会"：抽出些时间，发挥自己的想象力，为双方的浪漫、情感和性爱认真做规划。

不过，为性爱进行规划可能会引起一方或双方的"表现忧虑"，即担心自己无法满足对方的需要或期望。这种担忧很正常，应对的关键在于双方应开诚布公地讨论并确认对方安心。然后，双方可以一起降低预期，并把重点放在放松和愉悦上。另外，也要为泡澡、按摩、抚摸和拥抱等留出时间，单纯地让双方都享受身心的愉悦。如果双方想要有性爱，那很好；但如果双方都不想，也没有关系，双方依然可以一起享受浪漫时光。

● 练习 3　构建科学的冲突解决规划

有些人会回避冲突，因为他们害怕受伤或伤害对方。事实上，某些人从过去的冲突中获得的经验是：双方产生异议，冲突升级，最终爆发。结果，任何问题都解决不了。

对此，我们根据社会学家阿纳托尔·拉波波特的观点，开发了以下练习，以帮助夫妻讨论彼此的冲突。

第 1 步：找个安静的地方，双方认真讨论某个冲突。

第 2 步：一方发言，另一方倾听。

第 3 步：发言者开始谈论冲突，充分表达自己所有想说的话。倾听者可以提问，并做笔记。记笔记可以让发言者觉得自己的话对倾听者很重要。这是练习的关键。

当倾听者开始提问时，所提的问题必须是有助于增进对方理解的。倾听者不能提解决方案或试图说服发言者。倾听者不能用问题来暗示自己不同意。倾听者不能表达自己的观点，也不能纠正发言者的事实错误或对发言者的观点表达自己的看法。倾听者的任务就是倾听。此外，所有的互动都必须保持礼貌、文明。

第 4 步：当发言者讲完后，倾听者复述发言者的观点。接着，发言者仔细倾听并补充倾听者没有真正理解的部分。然后，倾听者重申自己的立场。双方不断重复这个过程，直到发言者认为倾听者完全理解了为止。

第 5 步：双方互换角色，然后再从第 1 步开始。

当完成以上步骤后，双方可能并没有成功地说服彼此，双方看待问题的视角仍然是不同的，也可能仍然有冲突。本练习会推迟双方说服对方的时间，直到双方都能复述对方的全部观点，并让对方满意为止。到那时，双方才开始说服对方。之后，双方可以讨论彼此的分歧并尝试妥协，也可以求同存异。而无论用哪种方式，双方都会觉得自己得到了倾听和理解。这样，双方会感到彼此在情感上有了更多的联结，这会让婚姻更加牢固。

10

那 69% 永远无法解决的问题

TEN LESSONS TO TRANSFORM
YOUR MARRIAGE

在接受彼此差异的基础上保持平和，
并意识到幸福生活需要双方
尽可能多地妥协和付出。

问题

- 特里和阿曼达存在许多永恒的冲突 —— 由两人性格和生活方式不同引起的持续冲突；
- 当阿曼达表达自己对冲突的感受时，特里会退缩；
- 为了回避冲突，阿曼达也会退缩；
- 双方的习惯性退缩导致彼此情感疏离；
- 情感疏离导致双方产生身体上的疏离。

解决方案

- 双方不要回避冲突；
- 双方针对永恒的冲突开展对话；
- 双方接受彼此的不同个性，对双方不同点的相互吸引表达感激；
- 双方抽时间单独相处，以实现情感和身体上的亲密。

特里第一次见到阿曼达时就被她吸引住了。当时，他们都在奥斯汀的一家餐馆工作，阿曼达是服务员，特里是兼职厨师。那天，阿曼达去参观后厨，特里就这样见到了她。但阿曼达一开始告诉特里她对他不感兴趣。

"我和他说我不和同事约会，"阿曼达说，"我当时偏爱摇滚乐队长发鼓手那种狂野风格的男性。"特里则是个仪容整洁的法学院学生，显然他不是阿曼达喜欢的类型。但几周后，当特里邀请阿曼达一起徒步时，她却同意了。

"他带着狗一起去，而我很喜欢狗，所以我决定跟他一块儿去。"阿曼达解释道。当两人一起坐在山顶的一块巨石上时，她心想：天哪，我真的很想吻他！但她抑制住了自己的冲动——足足

6 小时！那天结束后，她不再把自己的选择对象局限于鼓手这一类型。那年年底，他们搬到了一起。

9 年以后，阿曼达 35 岁，特里 37 岁。每当特里回忆起当时的时光，他不禁觉得当时的体验简直像过山车一样。他把一切冲动归咎于一句老话：性格相反的人才会互相吸引。然而，他们曾经最吸引彼此的性格恰恰是导致他们多次分手的原因。特里比较内向，追求稳定；而阿曼达比较外向，愿意冒险，寻求刺激。

特里回忆道："她的朋友整个周末都在开派对，会做各种疯狂的事。阿曼达非常喜欢这种喧嚣的生活，而我并不喜欢。"

特里觉得，阿曼达经常不开心，因为她希望他们的生活更加精彩。但阿曼达觉得，他们的核心问题实际上是她渴望独立自主。"特里更强势，而我觉得我不得不经常服从他，"她解释道，"我真不喜欢这样。"

阿曼达曾搬出去好几次，但最终又都搬了回来。"我最多离开两三天，然后我会开始非常想念他，我必须和他在一起，"她说道，"然后我就会回来。他是我最好的朋友。"

从交往开始，阿曼达和特里经过了 4 年的分分合合。后来，阿曼达和她母亲的一次对话改变了一切。"我告诉母亲，特里是个好人，但我觉得我不想和他一辈子在一起。我母亲对我说，'没问题啊，你还年轻嘛，那你现在就和他分手，继续过你的生活吧'。母亲的话一下子触动了我，我开始哭了起来。我对母亲说，'不，我没法想象我的生活里没有特里'。母亲说，'如果你继续这样下去，这就是你的结局'。"

一年之后，特里和阿曼达结婚了。

当他们第一次来到爱情实验室时，他们已经结婚 4 年了，他们的女儿丹妮尔已经两岁了，阿曼达正怀着第二胎。现在，特里在一家著名的律师事务所工作，阿曼达在一家公司做兼职培训师。

总的来说，他们是幸福的，但他们都表示，彼此在身心上不再像以前那样亲密了。而且，他们一直挣扎在所谓的永恒的冲突中——双方在性格和生活方式上的差异一再引发冲突。

"她一直幻想我们的生活可以发生天翻地覆的改变，"特里说，"比如搬到哥斯达黎加或加入美国和平队。上周，她还说我们应该去做有机耕种农夫。我心想：她的这些念头都是从哪里来的？"

"我只不过精力比较充沛，所以需要新刺激。"阿曼达解释道。

"我简直快要被逼疯了，"特里抱怨道，"我想要安稳舒适的生活，当然并不是说我一点儿也不想改变……"

"但我对安稳过敏。"阿曼达笑了起来。

此外，双方在财务上的矛盾也不断发酵。

特里说："我在财务上比较保守，也不会经常和她沟通我的安排。"

"当他想要在一些莫名其妙的事情上花钱时，他会说他有钱，"阿曼达解释说，"但当我想要在某件事情上花钱时，他会突然说'我们负担不起这笔开支'。"

无论冲突来自金钱、交友，还是来自生活方式，一旦阿曼达持续提及这个问题，"特里就很紧张，然后会彻底安静下来"，她说。

"我不太喜欢冲突，"特里承认，"我甚至不想谈论冲突。"

尽管如此，他们都知道，如果想要弥合彼此日益严重的裂痕，他们必须讨论以上这些重要议题。事实上，这种裂痕在他们的性生活中已经出现了。

"如果我在情绪上没有充分融入，我很难兴奋起来，"阿曼达说，"对我来说，最好的性爱前戏是深入的对话。"

为了更深入地理解他们讨论永恒的冲突的方式，我们请他们讨论了一个近来他们关注的话题：财务问题。以下左栏是他们这次对话的部分摘录。

对话	评价
阿曼达：我们很久没有坐下来做计划了，事情太多了。	+ 为没有提前规划承担责任
特里：嗯。	+ 表示自己在听
阿曼达：这就是为什么我感到焦虑，但我感觉自己又有点儿傻，似乎我小题大做了，我知道还有其他问题……	+/- 描述自己的感受，但试图弱化它们
特里：是的，每次我觉得有时间坐下来聊一聊，结果又有其他事情要处理。	-/+ 打断对方，但肯定对方说的话
阿曼达：我们真的要把交流放在第一位。但我也明白，我们的家庭规划和未来发展都需要谈一谈。好几次我都尝试找点儿时间出来。	+ 表达自己真实的需要：交流 + 表达自己的沮丧，但没有责备对方
特里：是吗？	+ 表示自己在倾听，请求对方提醒
阿曼达：是的，这就是为什么玛丽那天会来照顾丹妮尔。我本来计划利用那个时间和你聊一聊。	+ 分享信息
特里：我不记得了。	+ 承担责任
阿曼达：事实上，我们没有聊。（紧张地笑起来）我记得你后来去打球了。	+/- 试图淡化谈话气氛，但仍然语带埋怨
特里：噢，对。之后我又和球队一起去酒吧了。	+ 为产生的问题承担责任

阿曼达：我和玛丽、丹妮尔出去了一会儿。我想说的是，我也有错。但现在我感觉有必要督促你，然后问你，"嘿，我们的计划是什么？"这对我来说很困难。	+ 共同承担责任 + 表达自己的需要和担忧
特里：我很担心，因为我有个案子要处理，需要去圣安东尼奥一趟。时间很紧，我的压力很大。	+/- 表达自己的需要，但没有认可对方的需要
阿曼达：好吧。	+ 肯定，表达自己对对方的工作没有意见
特里：我想说的是，我每天上下班要花 3 小时。	- 轻微地防御
阿曼达（开玩笑）：或许我可以和你一起开车去，这样我们可以在路上聊。（为自己的笑话笑起来）那会很有意思。	+ 开玩笑，让氛围变得更轻松
特里（笑起来）：是的。	+ 认同对方的笑话
阿曼达：我想说的是，我对一切都很恐惧。比如昨天晚上，我以为我马上要生了，我很害怕。因为我们还没有找时间聊一聊……	+ 表达更多的感受
特里：我们还有几周的时间。	- 未关注对方的感受
阿曼达：我开始想跑到你的面前，然后对你说，"我们马上要有第二个孩子了！"但你好像没时间和我讨论这件事。你没有把这件事排在首位。	+ 用更强烈的方式表达自己的感受 - 轻微地埋怨

特里：你说你准备 9 月以后再回去工作，对吧？	+/- 开始关注对方，但只关注了对方的工作，忽略其感受
阿曼达：其实，我也不知道。我觉得把新生儿扔在托儿所，这个想法让我很不舒服。	+ 表达更多的感受
特里：是的，只要我们负担得起，你可以想歇多久歇多久。	+ 表达情感上的支持
阿曼达：我不确定我们是否可以负担得起。我不希望发生像丹妮尔出生后那样的事情。我觉得因为我没有收入，我对开支就没有任何发言权。尽管我比以前工作得更加努力。你很担心我们的经济状况，而且当我需要钱的时候，你都会说一番话。	+ 表达深层次的恐惧
特里：说什么？	- 忽视对方的感受，关注开支问题
阿曼达：你会说，"你必须想办法再把钱找回来，因为我不知道怎么办"。而我不知道问题出在哪里。一个月前，你买了红酒和非常昂贵的修理草坪的工具。当你这样花钱的时候，我心想：嗯，看来我们最近的经济状况不错！	- 埋怨，攻击
特里：我们会好起来的。（紧张地笑起来）	- 试图忽视对方的感受
阿曼达：那要等到股市崩盘。（笑起来）	- 同意对方的说法，但回避了自己的感受和担忧

永恒的冲突

这次对话中时不时出现的笑声表明特里和阿曼达的婚姻很牢固，他们真诚地关心和爱护彼此，希望共同为婚姻问题承担责任。此外，他们之间的抱怨和防御也较少。而且，当对话变得紧张时，阿曼达会及时地说笑以缓和气氛，特里也认同这种做法。这种互动模式使他们的对话始终处于友好和开放的氛围中。

那么，既然他们之间充满了温暖和幽默，他们为什么会感到彼此在情感上和身体上渐行渐远呢？仔细审视这段对话，我们可以从中发现一些问题。例如，当阿曼达说她觉得自己没有为即将到来的产假做好规划时，特里开始询问她具体的工作日程安排；当阿曼达谈到孩子出生后她害怕自己没钱时，特里却问她为什么在丹妮尔还小的时候需要用钱。

特里的问题直接针对的是阿曼达提起的话题，这说明他对她说的话很有兴趣。但问题是，特里对阿曼达表达出的情绪感到不自在。他没有让她知道自己理解她的恐惧和忧虑，且愿意与她共情以及安慰她。事实上，如果单独审视特里说的话，我们几乎很难确定，除了共同银行账户和照顾孩子，他和阿曼达还有哪些共同话题。

特里并不是唯一回避问题的人。每当他转移话题时，阿曼达会跟着他，好像她很害怕两人之间的联结消失。这种相处模式与前文提到的戴维和坎达丝的相处模式很像：双方因为害怕难以从戴维的外遇中复原，所以他们会试图避免冲突。另外，特里和阿曼达早期的关系模式可能对此也有一定的影响。

回避冲突会导致双方关系中的裂痕不断扩大。因为特里和阿曼达在性格上存在很大的差异，所以他们之间的裂痕尤为明显，从而导致永恒的冲突产生。而且，双方习惯性地搁置争议会导致彼此情感疏离。尤其是对阿曼达来说，由于她与特里缺乏情感联结，因此她对性爱、浪漫和激情失去了兴趣。

爱情实验室的建议

对特里和阿曼达来说，与其回避冲突，不如围绕各自的不同点审视双方的共同目标。我们并不是建议他们找出解决他们关于金钱、交友、生活方式等方面分歧的方法，因为很显然，他们永恒的冲突并没有明确的解决方案。阿曼达喜欢规划，但特里不喜欢；特里喜欢独处，而阿曼达喜欢热闹；阿曼达喜欢改变，而特里偏好稳定。他们并没有谁对谁错。他们的最佳解决方案是双方建立关于冲突的对话——双方可以求同存异，同时仍然对对方抱有好感。**关键在于，双方要在接受彼此差异的基础上和平共处，并意识到幸福生活需双方尽可能多地妥协和付出。**

另外，他们还要意识到，自己对对方性格的看法只是自己的个人观点而已。事实上，他们告诉我们，在原生家庭中，特里要比他的兄弟更外向；阿曼达则是她家的兄弟姐妹中最稳定、最务实的一个。

我们建议特里和阿曼达把他们的冲突看作其亲密关系之外的"第三者"——他们需要共同合作来解决冲突。约翰对他们说："你们的问题不在对方身上，也不在财务方面或生活规划方面，你们的问题就像你们俩在踢足球，要从不同的角度共同努力，共同想办法射门。有时候，你们的对话很有效，而有时候无效。你们要学会与问题共存，同时避免这些问题伤害你们的关系。"

"最重要的是双方要避免陷入僵局。"约翰补充道。双方陷入僵局就像遇到了严重的堵车，一动不能动，毫无希望。双方会感觉"卡住"了，随后会把彼此看作敌人。记住，不要因为双方的观点不同，就把彼此看作敌人。正如特里之前说的那句老话："性格相反的人才会互相吸引。"当观点不同的两个人愿意从对方的视角看待问题时，双方才有机会看到事情的全貌，这对双方都有益。

双方意识到彼此可以讨论冲突同时不伤害彼此的关系，这对增进双方的亲密感同样很有帮助，这恰恰是特里和阿曼达需要做的。

后来，我们请他们深入地讨论永恒的冲突，并将重点放在接受彼此的不同上。最终，他们讨论了彼此的长期矛盾——对居住地选择的分歧。以下左栏是他们这次对话的部分摘录。

走进 THE LOVE LAB
爱情实验室

对话	评价
阿曼达：我很担心我们可能永远没有办法……	+ 表达恐惧
特里：我们是一家人。	+ 表达理解
阿曼达（笑起来）：我们当然是一家人。问题并不是我不幸福，而是我希望有更多的体验。	+ 用笑声来缓解提出诉求的压力 + 深入地表达自己的感受和需要
特里：好吧，我想我们只能尽最大努力了，但你应该知道，我对从头来过有多害怕。我的事业正在稳步发展中，我害怕一下子偏离太远。	+ 肯定对方的需要 + 表达自己的恐惧
阿曼达：嗯。	+ 表示自己在倾听
特里：我希望我可以更多地向你学习。我希望我可以接受变化，因为这会让我们的生活更有趣。我对这一点很确定。	+ 表达对对方性格的欣赏
阿曼达：我希望我可以更多地向你学习，因为这会让我感觉更舒服。	+ 表达对对方的欣赏
特里：但我们不会改变彼此。	+ 表示接受彼此的不同
阿曼达：是的。	+ 表示同意

特里：所以我们会幸福地生活在一起。	+ 分享共同的幸福目标
阿曼达（笑起来）：或者分手。	+ 用幽默化解压力
特里：（笑起来）	+ 接受对方的幽默
阿曼达：我最大的恐惧在于，我最终需要决定……	+ 深入表达自己的感受
特里：那么，我们一起来讨论具体的问题吧。我们总在想几年后搬到一个不同的地方。	− 在关键时刻打断对方，回避深入的讨论
阿曼达：我想到了 3 年前……	− 接着对方的话题，允许对方转移话题，回避讨论自己的感受
特里：如果我们每 3 年就要搬一次家，那为什么还要买房子呢？	− 再次打断对方；掌控对话
阿曼达：因为你需要花 3 年时间才能考虑……	+ 提供信息
特里：是啊，我不喜欢考虑这个问题。	− 再次打断对方；掌控对话
阿曼达：你难道没有发现我为了配合你的生活方式已经妥协了吗？最重要的是，我对此完全接受。我根本不想回到过去从头再来，如果这意味着我们不生孩子的话。	+ 表达沮丧和憎恨 +/− 告诉对方自己重视彼此的关系，但有些迟疑
特里：但如果这意味着失去我呢？	+ 坦白害怕失去对方的恐惧；寻求安慰
阿曼达：哦，这也是问题的一部分。	+ 表达安慰
特里：这是两个不同的问题。	+ 继续寻求安慰

阿曼达：不，如果没有你，我不会这样选择。	+ 给予对方想要的安慰
特里：太好了，我很高兴听到这句话。	+ 表达自己的放松与感激
阿曼达：（笑起来。双方沉默了一会儿）	+ 表达温情和感情
特里：我们会去哪里? 什么时候去?	+ 准备好跟上对方的话题和想法
阿曼达：这个……	+ 开始回应
特里：我们还是留在奥斯汀吧，我继续这份工作。我知道你不喜欢郊区生活。	− 打断对方 + 认同对方的偏好
阿曼达：是的，我喜欢住得远一点儿。你可以有第二间备用办公室。	+ 同意，然后表达自己的感受；解决问题
特里：也许吧。为什么你最近总想放弃我们拥有的一切呢?	+/− 表达自己的恐惧，但使用的方式很夸张
阿曼达：（皱起眉头）	+ 抗议对方夸张的表达方式
特里：我并不是说你……	+ 意识到对方受伤了，试图安慰对方
阿曼达：我认为这是你对我的理解。	+ 表达自己感到对方的想法很不公平
特里：好吧，你说你想要搬到哥斯达黎加，我的理解没错吧?	− 轻微地防御 + 表达自己的恐惧
阿曼达：我之所以说要搬到哥斯达黎加，是因为我不喜欢我们现在的生活方式。有时候，我觉得你不重视我的价值观，而我觉得这些价值观对我养育孩子很重要。你知道吗，我不希望生活在这种商业氛围中，也不希望我们的孩子在这样的环境下长大。	+ 表达自己的感受 − 埋怨

特里：我也有同样的担忧，但我不希望用你这种方式解决问题。	+ 认同对方的担忧 + 澄清冲突
阿曼达：但我们需要休息一下。我们需要离开这里一年。	+/- 表达自己的需要，试图说服对方，不再表达自己的感受
特里：我只是觉得现在不是我们放松的好时机。或许 10 年之后我们可以这么做。但我也担心，如果我说"这听起来是个好主意"，你会立刻行动。	- 抵抗，而非交流 + 最终表达了自己的感受
阿曼达：既然你这么说，我觉得你并不信任我，好像我过去一直在做糟糕的事，但我从来没做过任何影响我们关系的事。	+ 当对方开始抵抗交流时，表达自己很受伤
特里：是。（停下来，开始微笑）都是我干的。	+ 用微笑和幽默改善彼此的互动
阿曼达（笑起来）：我想说的是，我很爱冒险。	+ 接受；振奋 + 认可对方的观点，接受彼此的不同
特里（微笑着看着对方，满是爱意）：是的，这也是我喜欢你的原因之一。	+ 表达感情、爱意和接纳 + 肯定对方的性格
阿曼达：我精力很充沛，很喜欢冒险和体验不同的生活。我一直压抑自己，直到我那些疯狂的念头成为现实。就好像我突然想开车去看日落一样，我想看看会发生什么。你知道我这些想法都来自哪里吗？	+ 表达自己的感受 + 寻求理解和接纳
特里：是的，我知道。	+ 继续表达理解和接纳

"你们进行了一次非常有建设性的对话，"约翰对特里和阿曼达说，"并不是说对话本身很有意思，也不轻松，你们讨论的话题也很棘手。不过，你们的对话中充满了幽默、感情和对彼此的尊重。"

而且，他们不再回避棘手的议题了。"特里，你说出了你真正的恐惧和需要。"约翰补充道。

阿曼达对此表示同意："听到特里说'我希望我可以更多地向你学习'，这对我来说真的很有帮助。当他这么说的时候，我并不觉得我们处于对立面。"

另外，特里和阿曼达坦陈了他们的冲突源于彼此曾经深爱对方的人格特质。特里说他希望自己像阿曼达一样"接受变化"。随后，当他谈到女儿丹妮尔时，他笑了起来。很显然，丹妮尔继承了阿曼达活力十足、爱冒险的性格，这也是特里爱她们的原因。与此同时，阿曼达说她希望自己向特里学习，她发现特里沉稳的性格是他们目前舒适生活的基石。

"我把你们之间的这种冲突称为'甜蜜的冲突'，这不仅仅是你们两个人之间的冲突，也是你们自身性格的冲突。"约翰说道。

因此，当特里和阿曼达试图更加了解对方时，各自也会成长。约翰解释道："只要你们持续用这种方式对话，你们的冲突就会让你们的生活更加丰富，而不会让你们分崩离析。"

后来，我们又给特里和阿曼达提了更多的建议。首先，特里需要意识到自己经常打断阿曼达，尤其当他感到焦虑时。我们注意到，特里的这种行为使阿曼达只好闭嘴，然后她开始幻想逃离。我们建议，特里要确保阿曼达在双方关系中有充分表达自己的自由，不要打断她，要倾听她在说什么。

其次，我们还建议他们彼此经常表达感激和欣赏，可参考本章的练习 2，这样做可以帮助他们为彼此的生活创造更多的浪漫和亲密。

此外，我们建议所有有孩子的父母安排专门的时间享受性生活。

两年以后

两年以后，我们对特里和阿曼达进行了回访。特里成了律师事务所的合伙人，因此他们未来依然会在奥斯汀生活。事实上，他们还住在前几年阿曼达认为他们会卖掉的那所房子里。

这种"稳定"还令阿曼达困扰吗？"不像以前那么困扰了。"她说。近年来，她独自一人进行了几次冒险，她和丹妮尔最近还一起去了哥斯达黎加，参加了她所在组织的教堂活动。

不过，特里认为阿曼达的烦躁在未来会再次出现。"不是今年，就是明年，到那时，她很快会意识到她只是冲动而已，而这会影响我们现在的稳定生活。"

"我们俩的挣扎点在于改变和发展，"阿曼达说，"一旦我们解决了某些问题，我们就会产生新的冲突。事实上，有时候我很担心，我们不断地努力只会让彼此成为婚姻的冲突来源。"

与此同时，他们都对自己解决冲突的能力更有自信了。

"我们的关系确实会出现高低起伏，无论是婚前还是婚后。"特里说，"我不知道我们以后会遇到哪些问题，但在我们经历了这一切之后，我们有信心克服一切。"

不要在永恒的冲突上陷入僵局

所有的婚姻都会遇到永恒的冲突。**我们的研究显示，幸福的夫妻可以与永恒的冲突一直共存下去，他们会用开放的、建设性的方式讨论这些冲突。**不过，由永恒的冲突引起的僵局对婚姻有害，比如：

- 双方在讨论问题时几乎不表达爱意；

- 过度将问题个人化，而当问题产生时，感到自己被对方忽略；
- 把对方当作恶人，认为自己完全正确而对方完全错误；
- 固执己见，不愿妥协；
- 在冲突产生时会一发不可收，继而使冲突快速升级；
- 双方出现情感疏离。

为了防止永恒的冲突变成僵局，双方可以尝试以下方法：

- 围绕目标进行对话，而不是找出完美解决方案；
- 把永恒的冲突当作婚姻关系之外的单独问题，避免把问题归咎于对方身上；
- 意识到解决方法没有正误之分；
- 接受冲突不会永远消失，但双方可以平和地生活在一起；
- 在冲突中发现幽默。

所有的婚姻都存在永恒的冲突，无论这些议题是什么，它们都会反复出现。但它们反复出现并不意味着它们会影响婚姻关系。

❤ 测试　你们永恒的冲突和僵局各是什么 ❤

以下清单列出了一系列常见的永恒的冲突，在清单最后的空白处，可以写下自己面临的冲突。

在清单的左列中，选出你和伴侣面临的冲突，回想一下自己当时的选择，然后自问："我们可以讨论这个冲突并找到妥协方案吗？还是说我们已经陷入了僵局？"在中列或右列中写下合适的想法。

婚姻中常见的永恒的冲突	相互讨论并妥协	陷入僵局

1. 整洁和组织性
一方：认为整洁很重要
对方：认为整洁没那么重要

2. 情绪表达
一方：自由地探索和表达情绪
对方：对谈论和表达情绪感觉不适

3. 独立与共处
一方：希望彼此更多地相处，彼此更加依赖
对方：希望更多的是独处和自主

4. 性生活频率
一方：希望更多地享受性生活
对方：不希望经常过性生活

5. 性和情感亲密
一方：希望彼此在性生活之前在情感上更加亲密
对方：希望把性生活当作情感亲密的方法

6. 财务
一方：仔细计划，节省开销
对方：随意花销，不愿节省

7. 家族联系
一方：想要独立，远离亲属
对方：想要和亲属更亲近

8. 家务
一方：平均分配家务
对方：不想平均分配家务

9. 教育孩子
一方：严格教育孩子
对方：包容孩子

10. 准时性
一方：认为准时很重要
对方：认为是否准时问题不大

11. 社交
一方：外向，希望多和朋友在一起
对方：内向，想花时间独处或两个人在一起

12. 宗教信仰
一方：重视宗教信仰
对方：不太重视宗教信仰

13. 事业
一方：很在意事业成就
对方：不太在意事业成就

14. 浪漫和激情
一方：想要更多的浪漫和激情
对方：不在乎浪漫和激情

15. 冒险
一方：想要生命中有更多的冒险和激情
对方：不太爱冒险，认为当下的生活很精彩

16.
一方：
对方：

17.
一方：
对方：

18.
一方：
对方：

　　针对以上清单中中列某个议题的回复，思考一下：你和伴侣会如何彼此敞开心扉？以及你们如何才能持续对话、互相妥协并找到共同点？

　　针对以上清单中右列某个议题的回复，思考一下：双方是否有对话或相互妥协的空间？如果没有回复，回顾前文关于"婚姻冲突的土拨鼠"的内容，并要意识到，深入理解对方的希望和梦想是打破僵局的最佳方法。

　　与特里和阿曼达一样，许多夫妻都会被彼此完全不同的人格特质吸引。虽然这种互相吸引可以成为维持婚姻活力的基础，但在接受和尊重彼此观点的同时，双方也要保持敏感和警惕。这样，双方可以创造共同的价值和意义。但这不是一夜之间就能自动实现的，而是需要一个过程，在这个过程中，夫妻双方可以找到相互依靠和尊重彼此的目标、梦想与愿景的方法。以下练习包含一系列问题，有助于夫妻顺利地进入这个过程。

● **练习 1　创造共同的价值和意义**

　　夫妻双方各自准备一个笔记本，从以下问题清单中选择一两个双方想要思考的问题，然后写下问题的答案，再相互分享。双方相互讨论各自的答案，找出共同点。此外，谈论双方的不足，找到尊重彼此价值观和人生哲学的方法。

　　某些问题可能非常宏大，双方需要长时间的讨论，所以不要认为一次能讨论完所有的问题。事实上，双方可能会不时地想到这些问题，然后选择人生不同阶段的一两个重要议题来讨论。

- 你对生活、对自己以及对婚姻和孩子各有什么目标？在未来的 5 ～ 10 年，你会如何达成这些目标？
- 你在生命结束前想要完成的梦想是什么？
- 通常，我们每天的生活都会被需要集中注意力的事情填满。你可以丢掉给你带来很多能量和愉悦的事情吗？

- 我们是个什么样的家庭？成为一家人对你来说意味着什么？

- 你原生家庭的哪些事对你来说很重要？

- 家对你来说意味着什么？你认为家必须拥有哪些特征？你现在的家和你的原生家庭有哪些相同点或不同点？

- 宗教在你的生命中意味着什么？它们在你的婚姻和家庭中又意味着什么？这一点和你的原生家庭有哪些相同点或不同点？

- 你的人生哲学是什么？你认为怎样才能过上有意义的人生？你如何实践这一人生哲学？

- 哪些用餐仪式对你来说很重要？

- 哪些节日仪式对你来说很重要？

- 哪些日常生活仪式对你来说很重要，如起床、离家、回家、入睡等？

- 当家人生病时，你会有哪些特定的重要仪式？

- 我们各自该如何恢复精力和充电？又该如何放松？

- 我们需要哪些度假仪式？

- 成为丈夫 / 妻子意味着什么？

- 成为母亲 / 父亲意味着什么？

- 你在工作中的角色是怎样的？

- 作为朋友、亲戚或公司成员，你是怎样的一个人？

- 我们如何平衡生活中的不同角色？

　　我们发现，夫妻双方几乎无法通过改变彼此来改善婚姻，但能通过关注彼此的正面特质来获得幸福。 夫妻双方互相表达爱意和感激可以创造充满爱意和互相接纳的环境，这有助于双方更好地理解永恒的冲突并找到互相妥协的相处模式。

练习 2　定期制作感激和欣赏清单

从以下感激和欣赏清单中依次选择你非常喜欢的对方的 3 个方面，如有其他需要，可以自己添加，然后告诉对方。接下来，描述它们的细节，并谈论它们是如何改善你们的生活的。最后，向对方表达感激。

感激和欣赏清单：

- 你的活力；
- 你的毅力；
- 你做事的方式；
- 你让我在家里拥有掌控权；
- 你对我很敏感；
- 你支持我并回应我的需要的方式；
- 你理解我的能力；
- 你的皮肤给我的感觉；
- 你的脸给我的感觉；
- 你的头发给我的感觉；
- 你的温暖；
- 你的热情；
- 你抚摸我的方式；
- 我和你在一起的安全感；
- 你的温柔；
- 你的想象力；
- 你的眼神；
- 你的行动方式；
- 我可以信任你；
- 你的激情；
- 你对我的了解；

- 你的优雅；

- 你吻我的方式；

- 你的乐趣；

- 你是个称职的伴侣；

- 你是个称职的父亲／母亲；

- 你的幽默感；

- 你带给我的联结感；

- 你的专一；

- 你的品位；

- ＿＿＿＿＿＿＿＿；

- ＿＿＿＿＿＿＿＿；

- ＿＿＿＿＿＿＿＿。

首先，特别感谢凯瑟琳·罗马诺（Catherine Romano）和《读者文摘》（*Reader's Digest*）的工作人员与我们合作，促成了本书；感谢弗吉尼娅·拉特（Virginia Rutter）对本书进行了检查并提供了后勤支持；感谢西比尔·卡雷尔（Sybil Carrere）、艾莉森·夏皮罗（Alyson Shapiro）、安伯·塔贝尔斯（Amber Tabares）和贾尼丝·德里弗（Janice Driver）为爱情实验室付出的努力。

其次，我们想向那些资助我们做婚姻和家庭研究的人员及组织表示真诚的感谢，包括埃佩克斯基金会（Apex Foundation）和塔拉里斯研究所（Talaris Research Institute）创始人布鲁斯·麦考（Bruce McCaw）和乔琳·麦考（Jolene McCaw）夫妇、埃佩克斯基金会主席克雷格·斯图尔特（Craig Stewart）、柯林基金会（Kirlin Foundation）创始人丹·克兰茨勒（Dan Kranzler）和萨莉·克兰茨勒（Sally Kranzler）夫妇、柯林基金会执行董事罗恩·拉宾（Ron Rabin）、彼得·伯利纳（Peter Berliner）、保罗·艾伦家庭基金会（Paul G. Allen Family Foundation）以及美国国家精神卫生研究所的莫莉·奥利维里（Molly Oliveri），同时还要感谢美国国家精神卫生研究所的资助。

此外，感谢戈特曼研究所的工作人员，包括埃塔娜·迪坎（Etana Dykan）、琳达·赖特（Linda Wright）、维妮塔·拉米雷斯（Venita Ramirez）、斯泰西·沃克（Stacy Walker）、坎达丝·马歇尔（Candace Marshall）和贝琳达·格雷（Belinda Gray），他们以极大的投入和奉献精神帮助我们为 5 000 多对夫妻提供了服务，并培训了 14 000 多名临床医生。

德克莱尔要感谢路易丝·卡纳尚（Louise Carnachan）、卡拉·格拉纳（Carla Granat）和德布拉·贾维斯（Debra Jarvis）对本书手稿提出的宝贵建议。感谢温迪·汤森（Wendy Townsend）、鲍勃·赫弗南（Bob Heffernan）和"艺术家小组"（Artists' Group）的成员——娜恩·伯林（Nan Burling）、露易丝·卡特（Louise Carter）、丽贝卡·休斯（Rebecca Hughes）、温迪·斯洛特布姆（Wendy Slotboom）和简·肖特·波拉德（Jan Short Pollard），感谢他们一直以来的支持和鼓励。

最后，感谢这些年来热心参与爱情实验室研究项目和其他研究项目的所有人员。

未来，属于终身学习者

我们正在亲历前所未有的变革——互联网改变了信息传递的方式，指数级技术快速发展并颠覆商业世界，人工智能正在侵占越来越多的人类领地。

面对这些变化，我们需要问自己：未来需要什么样的人才？

答案是，成为终身学习者。终身学习意味着具备全面的知识结构、强大的逻辑思考能力和敏锐的感知力。这是一套能够在不断变化中随时重建、更新认知体系的能力。阅读，无疑是帮助我们整合这些能力的最佳途径。

在充满不确定性的时代，答案并不总是简单地出现在书本之中。"读万卷书"不仅要亲自阅读、广泛阅读，也需要我们深入探索好书的内部世界，让知识不再局限于书本之中。

湛庐阅读 App: 与最聪明的人共同进化

我们现在推出全新的湛庐阅读 App，它将成为您在书本之外，践行终身学习的场所。

- 不用考虑"读什么"。这里汇集了湛庐所有纸质书、电子书、有声书和各种阅读服务。
- 可以学习"怎么读"。我们提供包括课程、精读班和讲书在内的全方位阅读解决方案。
- 谁来领读？您能最先了解到作者、译者、专家等大咖的前沿洞见，他们是高质量思想的源泉。
- 与谁共读？您将加入到优秀的读者和终身学习者的行列，他们对阅读和学习具有持久的热情和源源不断的动力。

在湛庐阅读 App 首页，编辑为您精选了经典书目和优质音视频内容，每天早、中、晚更新，满足您不间断的阅读需求。

【特别专题】【主题书单】【人物特写】等原创专栏，提供专业、深度的解读和选书参考，回应社会议题，是您了解湛庐近千位重要作者思想的独家渠道。

在每本图书的详情页，您将通过深度导读栏目【专家视点】【深度访谈】和【书评】读懂、读透一本好书。

通过这个不设限的学习平台，您在任何时间、任何地点都能获得有价值的思想，并通过阅读实现终身学习。我们邀您共建一个与最聪明的人共同进化的社区，使其成为先进思想交汇的聚集地，这正是我们的使命和价值所在。

CHEERS

湛庐阅读 App
使用指南

读什么
· 纸质书
· 电子书
· 有声书

怎么读
· 课程
· 精读班
· 讲书
· 测一测
· 参考文献
· 图片资料

与谁共读
· 主题书单
· 特别专题
· 人物特写
· 日更专栏
· 编辑推荐

谁来领读
· 专家视点
· 深度访谈
· 书评
· 精彩视频

HERE COMES EVERYBODY

下载湛庐阅读 App
一站获取阅读服务

著作权合同登记号　图字：11-2023-213

Ten Lessons to Transform Your Marriage

Copyright © 2006 by John M. Gottman, Ph.D. and Joan DeClaire.

All rights reserved.

图书在版编目（CIP）数据

幸福婚姻的 10 大敌人 /（美）约翰·戈特曼，（美）
朱莉·施瓦茨·戈特曼，（美）琼·德克莱尔著；冷爱译 .
— 杭州：浙江科学技术出版社，2023.9
　ISBN 978-7-5739-0674-8

　Ⅰ . ①幸⋯ Ⅱ . ①约⋯ ②朱⋯ ③琼⋯ ④冷⋯ Ⅲ .
①婚姻－通俗读物 Ⅳ . ① C913.13-49

中国国家版本馆 CIP 数据核字（2023）第 105279 号

书　　名	幸福婚姻的10大敌人
著　　者	[美]约翰·戈特曼　[美]朱莉·施瓦茨·戈特曼　[美]琼·德克莱尔
译　　者	冷　爱

出版发行　浙江科学技术出版社
　　　　　地址：杭州市体育场路 347 号　　邮政编码：310006
　　　　　办公室电话：0571-85176593
　　　　　销售部电话：0571-85062597
　　　　　E-mail:zkpress@zkpress.com
印　　刷　唐山富达印务有限公司

开　　本	710mm×965mm　1/16	印　　张	16.75
字　　数	211 000	插　　页	1
版　　次	2023 年 9 月第 1 版	印　　次	2023 年 9 月第 1 次印刷
书　　号	ISBN 978-7-5739-0674-8	定　　价	109.90 元

责任编辑　陈　岚	**责任美编**　金　晖
责任校对　张　宁	**责任印务**　田　文